Samba YATERA

LA MAURITANIE

*Immigration et développement
dans la vallée du fleuve Sénégal*

Editions L'Harmattan
5-7, rue de l'Ecole-Polytechnique
75005 Paris

L'Harmattan INC
55, rue Saint Jacques
Montréal (Qc) - Canada H2Y

Dans la collection **"Alternatives rurales"**
Dirigée par Babacar Sall

Dernières parutions:

R. Verdier, A. Rochegude (sous la direction de), *Systèmes fonciers à la ville et au village. Afrique noire francophone.*
H. Lamarche (Sous la coordination de), *L'Agriculture familiale T.1. Une réalité polymorphe. T.2. Entre mythe et réalité.*
B. Hervieu (Etudes rassemblées par), *Les agriculteurs français aux urnes.*
B. Hervieu, R.-M. Lagrave (sous la direction de), *Les syndicats agricoles en Europe.*'
Y. Lambert, O. Galland, *Les jeunes ruraux..*
D. Gentil, *Mouvements coopératifs en Afrique de l'Ouest. Intervention de l'Etat ou organisation paysanne ?*
D. Gentil, *Pratiques coopératives en milieu rural africain.*
M.-C. Guéneau, *Afrique. Les petits projets de développement sont-ils efficaces ?*
M. Bodiguel, *Le rural en question. Politiques et sociologues en quête d'objet.*
D. Desjeux, *Stratégies paysannes en Afrique Noire. Essai sur la gestion de l'incertitude. Le cas du Congo.*
M.-D. Riss, *Femmes africaines en milieu rural.*
V. Pfeiffer, *Agriculture au Sud-Bénin : passé et perspectives.*
A. Guichaoua, *Destins paysans et politiques agraires en Afrique Centrale.* T1 : L'ordre paysan des hautes terres du Burundi & Rwanda, T2: La liquidation du monde paysan congolais.
Ledea-Ouedraogo, *Entraide villageoise et développement. Groupements paysans au Burkina-Faso.*
J. Le Monnier, *Créer son emploi en milieu rural.*
T. Mama, *Crise économique et politique au Cameroun.*
J. Brouard, *Paroles et parcours de paysans.*
A. Aït Abdelmalek, *L'Europe communautaire, l'Etat-nation et la Société rurale.*
B. Falaha, *Création sociale dans la réforme agraire chilienne.*
S. Damianakos, *Le paysan grec. Défi s et adaptations face à la société moderne.*
A. Le Roy, *Les activités de service : une chance pour les économies rurales ?*

© L'Harmattan, 1996
ISBN : 2-7384-4899-2

PRÉFACE

Samba Yatèra aborde la question de la migration sous un angle critique et riche qui permet de saisir les mutations sociologiques et économiques qu'engendre celle-ci dans les villages d'origine et dans les communautés résidentielles en France. Ce qu'il dit de ces transformations est tout à fait nécessaire pour comprendre les formes sociales que les émigrés ont instituées pour juguler la crise.

Tout d'abord, il est important de poser le phénomène migratoire non pas comme conjoncturel mais historique. En effet, si l'on considère l'histoire précoloniale africaine, on remarque la prééminence du fait migratoire due principalement au commerce de longue distance pratiqué par les populations dioula et haoussa, aux guerres et aux calamités naturelles. Par contre, pendant la période coloniale la migration apparaît comme une réponse aux politiques de développement menées par l'administration coloniale lesquelles visaient essentiellement l'organisation de l'exploitation des richesses minières et végétales et la mise en place d'infrastructures de communication. Toutes ces entreprises menées grâce à l'institution du travail forcé ont naturellement engendré des flux migratoires considérables en direction des villes ou des régions minières.

La période post-coloniale n'a pas freiné cette tendance, elle l'a plutôt accélérée grâce à la crise du monde rural qui a servi d'accélérateur aux dynamiques des populations : les itinéraires migratoires ayant évolué en fonction de la nouvelle géographie de la crise. Ainsi, on remarque une modification des pôles d'accueil par le fait que de jeunes ruraux émigrent maintenant vers l'Italie ou les USA.

L'une des transformations manifestes qui s'en dégage est le changement des modes articulatoires entre villes et campagnes pour la diffusion de la modernité dominante. L'axe diffusionnel ne partant plus de la capitale du pays d'origine au village, mais des pays industrialisés à ce dernier. Je connais de nombreux lieux qui sont matériellement et sociologiquement transformés par ce fait, car on y trouve un système d'ameublement intérieur de meilleure qualité que celui de certains quartiers urbains.

Par ailleurs, comme le montre cet ouvrage, il existe une véritable économie migratoire substitutive de l'État. En effet, la plupart des dispensaires, des bureaux de postes, des écoles dans les villages de la vallée du fleuve Sénégal sont construits ou pris en charge par des ressortissants émigrés.

Ce qui est intéressant dans l'approche que nous propose Samba Yatèra, c'est qu'elle bouleverse certaines croyances qui considèrent que "le développement agricole constituerait la solution la plus crédible à l'émigration des Soninkés et des Halpularen" : et met l'accent sur le paradoxe suivant lequel "les régions réputées les plus favorables à l'agriculture connaissent les taux d'émigration les plus forts".

L'articulation entre migration et développement peut poser a priori l'extériorité comme génératrice exclusive de changement social, comme si les dynamiques internes à elles seules ne suffisaient pas pour produire du mieux- être.

La littérature en ce domaine est pléthorique. Mais il y a lieu de prendre en compte dans le rapport à l'émigration, les traditions culturelles qui valorisent les départs, parce que historiquement les expériences de pénurie ont forgé en ces endroits une mémoire de l'ailleurs constitutive de la socialisation et de la production du statut d'homme. C'est en effet, dans l'éloignement momentané par rapport aux pays d'origine que l'on devient homme. Cet aspect de la réalité migratoire n'est pas à négliger car il permet aux villages de tester leur capacité à sauvegarder les lieux de la permanence chez ceux qui s'en éloignent et à assurer leur reproduction symbolique et matérielle à travers la mobilisation des "identités villageoises".

La question que pose d'emblée Samba Yatèra dans son ouvrage nous paraît cruciale. "Dans quelle mesure l'action volontaire et organisée des migrants est-elle capable de transformer le mode de vie et les pratiques économiques et sociales d'une société paysanne". C'est une façon de relativiser le phénomène migratoire comme producteur "d'innovation sociale" : fait qui peut être vécu par le village d'origine plus comme problème que solution. Par exemple, en France, dans plusieurs foyers d'immigrés, la reproduction sociale du système solidaire par le transfert de l'épargne-consommation et de l'épargne-développement est devenue problématique, en partie, à cause de leur frange juvénile devenue réfractaire à de telles contributions. Ces dynamiques internes risquent à terme de ruiner ce type d'économie domestique par l'intégration des jeunes "immigrés" dans les logiques de consommation du pays d'accueil. D'autres diachronies révèlent l'ambivalence du rapport aux origines comme source d'identités conflictuelles. En effet, "d'une part, les immigrés survalorisent le village, qui reste pour eux un objet de fierté ; d'autre part, ils l'utilisent comme repoussoir et menace de punition vis-à-vis de leurs enfants".

En somme, cet ouvrage débouche sur une "conception du développement local" intégrée à une économie élargie et diversifiée, et axée sur le marché comme centre générateur des dynamiques villageoises.

Babacar Sall, Sociologue
Directeur de publication
Éditions L'Harmattan

Fidèle à sa volonté de maintenir vivant l'ensemble du catalogue et de continuer à rendre accessible à tous la richesse de son contenu, Les marques du groupe L'Harmattan proposent les ouvrages, même s'ils sont épuisés dans leur premier tirage, et les impriment à la demande.
Au vu de l'ancienneté de ce titre, un exemplaire original a été numérisé pour être réimprimé, ce qui pourrait altérer légèrement la qualité de certains passages.

INTRODUCTION

Située à l'Ouest du continent africain, entre le Maghreb et l'Afrique Noire, la Mauritanie a la particularité d'être un État au carrefour de deux ensembles arabe et négro-africain. Ces deux aires se sont mutuellement influencées pendant des siècles. Cette situation est certes source d'enrichissements culturels, mais aussi de tensions, voire de conflits, dans la mesure où le système politique s'appuie essentiellement sur le clientélisme ethnique et sur la logique communautaire. La population mauritanienne est essentiellement musulmane. Elle se compose d'Arabes, d'Halpularen, de Soninkés et de Wolof qui ont tous une structure sociale très hiérarchisée.

L'économie de la Mauritanie s'appuie principalement sur l'exportation des produits de la pêche et des minerais de fer. Ces dernières années, la pêche industrielle connaît un essor considérable et anarchique. En 1990, elle a assuré 69% des recettes en devises de l'État. Quant au secteur rural, qui regroupe environ 65% de la population active, il a été longtemps négligé par les plans de développement nationaux. Certes, à partir de 1973, l'État privilégie le développement des périmètres irrigués pour faire face aux insuffisances des productions agricoles des paysans. Cependant, cette option, loin de résoudre le déficit alimentaire de la Mauritanie, pose le problème de la rentabilité des petits périmètres, du rôle des investisseurs privés dans le développement rural de la Mauritanie et de l'adhésion des paysans. De ce fait, les sécheresses successives de 1968-73, 1976, 1982-84 accélèrent la déstructuration du système de production agro-pastorale et favorisent l'émigration. Aujourd'hui, l'agriculture est devenue un enjeu politico-économique entre l'État, l'agro-business et les populations locales, à cause des perspectives qu'offre la mise en valeur du fleuve Sénégal.

Grâce au fleuve Sénégal, la Mauritanie dispose d'un potentiel considérable de ressources hydrauliques. Celles-ci auraient pu atténuer les effets désastreux de la sécheresse sur la vie des populations rurales, mais faute d'une mise en valeur appropriée, les campagnes se vident tandis que les villes se surpeuplent[1].

Pouvons-nous conclure de cette situation que si les conditions d'une meilleure productivité étaient assurées, les paysans resteraient au village pour travailler la terre ?

F. Ravault doute du bien fondé de cette hypothèse ; dans une étude faite sur un village sénégalais du Fouta, il explique que le départ des paysans de leur village est essentiellement dû à leur préférence pour les activités rémunératrices[2]. Par contre, A. Bara DIOP insiste sur l'importance du problème vivrier dans l'explication des causes de l'émigration. Il écrit à ce propos :

> *"L'émigration s'explique essentiellement par les difficultés de subsistance des populations de la vallée. La pression des facteurs économiques s'exerce à ce niveau vital et contraint les habitants à quitter ce pays"*[3].

Cette vision fonctionnelle de l'émigration, même si elle se trouve justifiée actuellement, élude néanmoins un problème de fond ; car elle fait fi des dimensions historiques, politiques, économiques, voire "écologiques" du mouvement migratoire.

La migration soninké a fait l'objet d'études abondantes de la part des anthropologues et des socio-économistes. L'axe de recherche privilégié fut, pendant des années, la vie des migrants en France, leur mode d'organisation sociale et leurs relations dans l'espace résidentiel (Samuel. M. 1978, Barou. J. 1978). L'importance des transferts financiers des migrants et le départ massif de jeunes vers la France suscitent de nouvelles questions. Désormais, les effets de l'immigration sur la société d'origine constituent un pôle de réflexion. Certains chercheurs,

---

1 En l'espace de dix ans, la population de Nouakchott est passée de 135 000 à 600 000 habitants.
2 Ravault (F), Etude de quelques aspects d'un terroir du Fouta, Les Cachiers d'Outre mer, Décembre 1961.
3 Diop (A. B), Les migrations "Toucouleur" dans la vallée du fleuve Sénégal, Présence africaine, 1965, p 52.

(Weigel. J.Y, 1982, Delauney. D, 1989), se penchent sur les transformations des modes de production de l'économie villageoise que l'émigration a provoquées. En revanche, d'autres (comme Diagne et Condé, 1983, Lavigne. P, 1992 etc.) insistent davantage sur la dépendance de la société rurale vis-à-vis de l'argent des migrants. Dans une autre optique, des anthropologues comme (Quiminal.C, 1991 etc.,) ont contribué aussi au renouvellement de l'analyse et de la perception de la migration soninké. A travers l'étude des trajectoires de certains leaders des migrants, ils sont parvenus, entre autres, à relativiser l'image dominante qui présente l'immigré comme un individu soumis aux hiérarchies traditionnelles et obnubilé par une recherche permanente du prestige social. Par une série d'illustrations, ils mettent en évidence la lutte des migrants en France et leur action en faveur du changement socio-économique de leur région d'origine.

Quelles que soient les perspectives et l'orientation théorique des recherches sur l'immigration soninké et halpularen, on perçoit, en filigrane dans la plupart des travaux, le débat sur la migration comme facteur d'innovation sociale ou de reproduction et de pérennisation des logiques sociales" traditionnelles". La complexité de l'immigration négro-africaine et les différentes stratégies des acteurs en France et dans les pays d'origine nous empêchent de recourir au déterminisme exclusif dans l'explication du comportement des migrants et de leurs motivations. Toutefois, il est permis d'estimer que plus de trois décennies de migrations ont favorisé l'émergence de nouvelles valeurs et pratiques. Celles-ci ont-elles entraîné la disqualification des hiérarchies dominantes dans la gestion de la migration? Nous éluciderons cette question dans les prochains chapitres. Cependant, on peut d'ores et déjà affirmer qu'il s'est produit, en France comme au village, un déplacement des oppositions vers des enjeux à caractère socio-économique et politique.

La migration est un fait social. Le rappel de cette évidence indique que son étude renvoie aussi à l'analyse des implications politiques, économiques et sociales d'un tel phénomène. Nous tenterons, dans cet ouvrage, de décrire et si possible d'expliquer, les enjeux et les processus qui sont à la base du fonctionnement de l'immigration négro-africaine en France. Ce qui nous paraît fondamental et spécifique, ce n'est pas tant la grande capacité d'épargne des Soninkés et des Halpularen, mais leur rôle dans la transformation socio-économique de leur région d'origine, à travers un mode d'organisation fondé sur la mobilisation des identités collectives villageoises.

L'étude du mouvement associatif négro-africain suppose une analyse rétrospective des formes d'organisation des migrants pour comprendre les dynamiques qui sont à son origine. On peut déjà constater qu'une conjugaison de facteurs externes et internes ont conduit les Soninkés et les Halpularen à privilégier un mode d'action collective. Ce qui leur permet d'aider leur village d'origine et de renforcer la solidarité en leur sein. S'il est utile de déterminer comment se situe l'association par rapport aux hiérarchies dominantes traditionnelles, le problème essentiel est de voir si, dans un contexte de pauvreté manifeste, les sociétés rurales trouveront dans les associations les véritables agents capables de cristalliser les nouveaux enjeux sociaux et économiques, ce qui implique que le mouvement puisse dépasser les particularismes ethniques de "castes" pour se hisser au niveau des enjeux communs. En d'autres termes, la question est de savoir, dans quelle mesure l'action volontaire et organisée des migrants est-elle capable de transformer le mode de vie et les pratiques économiques et sociales d'une société paysanne?

Souvent, les interrogations sur les associations de travailleurs d'immigrés s'appesantissent sur la réactualisation des rapports sociaux traditionnels (solidarité, prééminence des aînés sur les cadets, etc.); cela s'explique par le fait que le cadre associatif est considéré comme une réponse à un environnement hostile. Nous ne doutons pas de la fonction sociale et économique des associations dont l'un des objectifs consiste à préserver la cohésion de la communauté d'origine. A ce sujet, A.B.Diop, (Ifan, 1969) écrit, en étudiant la migration halpularen à Dakar, que :

> *"cet esprit de large solidarité que manifestent les Toucouleurs entre eux fait que leur pauvreté ne tourne jamais au désespoir"*.

L'évolution des mentalités chez les migrants nous incite à estimer que, si l'institution garde une fonction de régulation et de solidarité, son rôle principal est maintenant de découvrir de nouvelles dynamiques qui allient les composantes d'une organisation traditionnelle de la vie à des composantes externes tels que les revenus externes urbains ou les initiatives individuelles. Ainsi, il s'opère une transformation certaine, peut-être lente, des objectifs d'entraide en objectifs économiques.

L'appréciation du rôle et de la place des associations d'immigrés dans le processus de transformation socio-économique de leur région d'origine est une source de controverse. Notre approche se heurte à un cadre conceptuel qui, d'emblée, considère la migration comme un facteur renforçant le sous-développement. Le malentendu provient de la confusion entre les causes de la migration et ses conséquences qui ne sont pas nécessairement toujours négatives pour les sociétés villageoises. On soulignera que le débat sur la nature et sur la viabilité des investissements des migrants ne se situe pas seulement au plan de la rationalité économique. Il pose le problème du partenariat et des rapports politiques entre les différents acteurs qui interviennent dans la région du fleuve Sénégal. Il recoupe aussi une autre problématique fondée sur le mythe du développement de l'Afrique centré principalement sur l'agriculture. Comme l'émigration se traduit par le départ des forces vives de la paysannerie, il est tentant de lui attribuer la diminution des surfaces cultivables et la baisse de la productivité dans le Gorgol et le Guidimahka. Il nous semble, sans sous-estimer les effets de la migration que nous allons traiter sans complaisance dans ce livre, que les choix politiques de l'État mauritanien (priorité à la riziculture, avantages exorbitants accordés à l'agro-business) ont encore davantage contribué à affaiblir les exploitations agricoles familiales et à marginaliser un mode de production fragilisé par la sécheresse

Notre préoccupation n'est pas de participer à la légitimation du rôle économique et politique des immigrés que le discours dominant leur dénie. Cependant, nous estimons que, dans un contexte où la capacité d'épargne des acteurs locaux est faible et où l'État se désengage, les associations de migrants constituent un atout pour les sociétés rurales de la vallée. Certes, on peut toujours se demander s'il est rationnel de fonder "un développement local" sur une activité aussi aléatoire que l'immigration. Cette interrogation est légitime, car elle rappelle la précarité de la situation des immigrés africains en Europe dans un contexte de crise économique aiguë. Toutefois, elle a l'inconvénient de ne retenir en définitive que la dimension financière de l'action des migrants, négligeant ainsi les aspects organisationnels et socioculturels qui sont des composantes importantes du développement. Pourtant, l'échec de la plupart des programmes de développement dans la sous-région montre que l'efficacité d'une action économique et sociale dépend aussi de la motivation, du degré d'investissement et de l'organisation des acteurs.

Précisons que, pendant plus de trente ans, un appareil bureaucratique et répressif a empêché, dans la plupart des pays africains, l'émergence d'interlocuteurs sociaux organisés représentatifs, capables de prendre des initiatives sur le plan socio-économique. On notera qu'une stratégie de développement et de coopération internationale des puissances occidentales a toujours privilégié l'État au détriment de la société civile africaine. Ce choix s'explique par les considérations géopolitiques et les influences des théories de développement qui accordaient un rôle excessif à l'État dans la modernisation de l'Afrique. Actuellement, de nombreux experts redécouvrent les limites du processus de développement fondé principalement sur l'État. Leur appréciation est facilitée par la relativisation des modèles théoriques de développement, par les difficultés économiques des pays occidentaux et l'évolution du contexte politique international. Parallèlement, un courant pragmatique, qui préconise une plus grande participation et implication de la société civile européenne et africaine dans la coopération et le développement, se développe. Cette évolution accorde théoriquement une plus grande importance à de nouveaux acteurs (groupements villageois, associations et ong) et à la participation des populations locales. Elle est aussi la conséquence de la crise et des plans d'ajustement structurel qui ont élargi le champ d'intervention des organisations de solidarité internationale en rétrécissant celui de l'État africain. Dans un contexte où le partenariat direct et la participation semblent à nouveau valorisés par l'opinion publique occidentale et les États du Nord, quelles contributions peuvent apporter les associations de migrants qui se trouvent à l'interface des deux sociétés? Pour répondre à cette question comme à celle liée à la problématique de l'action des migrants dans leur pays d'origine, il faut réintroduire une réflexion sur les liens entre immigration, changement social et développement.

Les axes de discussions précisés, quelques remarques d'ordre méthodologique s'imposent. Pour des raisons matérielles et pratiques, nous avons centré notre enquête sur deux villages du Guidimahka et du Gorgol en Mauritanie. En revanche, en France, nous avons travaillé sur un échantillon de 160 immigrés originaires du Brakna, du Gorgol, du Guidimakha. Le questionnaire individuel fournit des informations sur la trajectoire des migrants, leurs relations sociales, et la nature des liens avec leur village d'origine. Une série d'entretiens avec des responsables d'associations maliennes, mauritaniennes et sénégalaises sur le rôle socio-économique de leur organisation complète notre mode d'investigation. Ces entretiens nous renseignent sur les stratégies des migrants et sur leurs attentes, ils permettent aussi de ne pas se cantonner à une approche quantitative dans l'analyse de la migration soninké et halpularen. Nous utilisons certaines données de l'étude "Immigration et Développement de l'Institut Panos[1] pour analyser les investissements des migrants.

Dans la caractérisation de notre population, nous avons écarté de prime abord les notions de détribalisation ou d'hypertribalisation que nous trouvons peu opératoires pour l'immigration de la vallée. Nous constatons que le sentiment d'appartenance villageoise[2] est devenu le moteur des modes d'organisation des migrants au détriment des identités claniques et lignagières. Cela ne signifie pas que le système clanique ou lignagier a disparu. Il arrive, d'ailleurs, que des groupes sociaux dominants essaient de l'utiliser comme moyen de pression pour contrôler l'immigration. Cependant, il a perdu sa fonction de légitimation et de structuration du mouvement associatif soninké et halpularen qui mobilise ses membres autour des projets économiques et sociaux destinés au village.

Les informations que nous avons recueillies sur les travailleurs immigrés, grâce aux questionnaires distribués et à l'étude des cartes consulaires, confirment ce que nous

---

1 Immigration et développement ; Institut Panos, Paris, 1991.
2 Une structuration qui s'appuie sur l'appartenance villageoise est plus ouverte, alors que celle fondée sur la parenté (clans, lignages) est discriminatoire.

pressentions déjà quant à la répartition ethnique et régionale de cette population. Nous constatons que les régions réputées favorables à l'agriculture connaissent les taux d'émigration les plus forts. Une précision s'impose pour qu'on ne vienne pas nous chercher querelle sur ce point: notre remarque ne suggère pas un rejet des facteurs climatiques (comme la sécheresse) dans les causes de l'émigration. Elle vise seulement à nous interroger sur l'idée communément admise selon laquelle le développement agricole constituerait la solution la plus crédible à l'émigration des Soninkés et des Halpularen.

Ces groupes ethniques ont été au centre des événements qui ont marqué l'évolution sociale et politique de la vallée. Si nous estimons que leur passé doit être intégré à l'analyse des mouvements associatifs et des migrations, c'est parce qu'il nous est apparu que, malgré le temps et les effets de la "modernisation", les différenciations sociales de type ancien restent vivaces dans les comportements individuels et dans la gestion sociale du mouvement associatif. De ce point de vue, une interrogation sur l'organisation politique et le mode de vie de ces sociétés fournit des outils d'explication dans l'étude des institutions sociales, de leur structure et de leur fonctionnement. Le référent historique ne renvoie pas seulement à la compréhension des mécanismes d'autorégulation du système social qui détermine la trajectoire de l'immigré, et notamment le réajustement entre les besoins de la communauté et la conduite du travailleur; il permet aussi de saisir les causes structurelles de l'émigration qui favorise la satellisation progressive de la société rurale au marché par le biais de la monnaie.

CHAPITRE 1
STRUCTURES SOCIO-ÉCONOMIQUES DES HALPULAREN ET DES SONINKÉS

Les structures sociales de ces populations sont l'aboutissement de gestations multiples engendrées par les bouleversements liés aux différentes invasions, à l'ampleur du commerce transsaharien et atlantique. Les contingences externes, comme la traite négrière et la colonisation, furent certes une source de perturbations sociales et économiques mais sans pour autant en être les uniques leviers, car, comme l'indique Georges Balandier[1], ces sociétés restent "problématiques", en ce sens qu'elles possèdent des espaces socialisés contenant des agents qui entrent dans des rapports de production.

1. RAPPELS HISTORIQUES

Considérons les rappels historiques comme un moyen qui apporte un éclairage sur l'émergence et l'évolution des pratiques sociales et économiques des Soninkés et des Halpularen. Ils permettent aussi d'apprécier comment s'organisent ces sociétés pour gérer certains bouleversements socio-politiques. Il n'est pas question d'aborder ici, de façon exhaustive, leur histoire qui a été largement traitée par des anthropologues et historiens[2] auxquels nous ferons référence. Nous nous limiterons à privilégier des éléments qui nous paraissent importants pour la compréhension de la société halpularen et soninké.

Le Wagadu : cadre de référence des Soninkés

Au VIIe siècle, se forme un État hégémonique, le Ghana, fondé par les Soninkés, qui étend son influence sur les berbères Sanhajas et sur le Tekrour. Les imbrications de la structure politique et du système de parenté n'empêchent pas la formation

---

1 Balandier (G), Anthropo-logiques, Paris, P.U.F., 1974, P 278.
2 Pollet (E), Winter (G), La société soninké, Bruxelles, ed de l'université de Bruxelles, 1971, 566p.

d'une société stratifiée composée d'une aristocratie, de castes et de gens libres pratiquant l'agriculture. Les princes du Ghana disposaient d'importants moyens de coercition grâce à leur puissance militaire et à un appareil administratif centralisé.

Claude Meillassoux[1] qui se réfère à Bekri affirme que le roi pouvait mettre en campagne plus de deux cent mille hommes; ce qui se traduisait sur le terrain par les conquêtes du Tunka, pour s'approvisionner en esclaves, et par une pression constante pour obliger les états vassaux et les paysans à s'acquitter de leurs tributs. Les moyens de rétorsion constituaient un pilier non négligeable du dispositif du pouvoir du Tunka (roi) pour asseoir son autorité ; mais il nous semble que sa légitimité prenait davantage sa source dans sa sacralité qui lui permettait de dépasser les interdits pour renforcer sa puissance économique. Les grosses pépites d'or extraites étaient en effet réputées maléfiques ; par conséquent, elles revenaient de droit au roi. Ainsi, au-delà de ses possibilités militaires, l'élément fondamental de l'autorité du Tunka avait pour support sa sacralité, source de sa légitimité, dont le rôle consistait à le rendre inaccessible et à créer les conditions minimales d'adhésion de la population paysanne, exclue des avantages du commerce transsaharien qui profitait uniquement à la cour et aux commerçants.

Les termes du marché qui régissaient le commerce étaient nettement défavorables aux souverains. Ainsi aux alentours de 1050 :

"on a un cheval contre 15 à 20 esclaves, parfois le poids du sel contre celui de l'or"[2].

On peut penser avec Francis de Chassey que l'espace social et économique du paysan n'a pas été modifié par le commerce transsaharien du fait de la faiblesse des forces productives, de l'effacement de l'individu devant le système de production lignager qui monopolisait les moyens de production (terres, outils) et des conditions de reproduction sociale (relations matrimoniales, système de parenté).

---

1 Meillassoux (C), Anthropologie de l'esclavage en Afrique noire, Paris, P.U.F., 1986.
2 Chassey (F. de), Contribution à une sociologie du sous-développement de la Mauritanie, Thèse d'Etat, Université de Paris5, 1972, P 43.

Samir Amin nous rappelle à ce propos qu'une définition de la structure de ces formations doit être recherchée dans

> *"l'articulation du monopole royal de l'or, du commerce et de la fonction des marchands musulmans qui en assurent l'écoulement* [1].

Claude Meillassoux réfute les thèses qui cherchent à accréditer le rôle secondaire de l'esclavage dans le commerce transsaharien. Il insiste sur le fait que la principale raison d'être des empires soudanais comme le Ghana était, non pas l'exploitation des ressources aurifères, mais la traite des esclaves. Contrairement aux analyses qui lient le déclin des empires soudanais aux déplacements des activités commerciales corollaires aux pistes caravanières et à l'absence de maîtrise du commerce par les souverains noirs, Meillassoux explique ce phénomène par la conjugaison de deux facteurs. Il souligne dans un premier temps "l'épuisement de la matière" dû aux problèmes démographiques causés par l'insécurité et le rapt. D'autre part, il met l'accent sur le dysfonctionnement de la "matière sociale" qui rend caduc les fondements idéologiques du rapt. Il constate que :

> *"La prolongation simultanée de la conquête militaire, de l'administration étatique, du commerce et de l'Islam favorise la civilisation des populations soumises, donc leur incorporation comme sujets de formations politiques. Ce faisant, la source des esclaves se tarit"* [2].

Il faut noter que depuis le VIIIème siècle, les besoins du commerce avaient incité les Arabes à s'installer à Kombi Saleh, ville principale du Ghana où ils constituaient une communauté musulmane qui se chargeait à doses homéopathiques de prêcher l'Islam.

---

1 Amin (S) in préface Royaume du Walo de Barry (B), Paris, Karthala, 1985, P 18.
2 Meillassoux (C), Anthropologie de l'esclavage en Afrique Noire, 1986, Paris, P.U.F., P 52.

Les sociétés soninké et halpularen ne relèvent pas d'un système autarcique et égalitariste; c'est pourquoi il paraît difficile de contester l'existence de "l'esclavage" dans ces communautés où les vestiges de la stratification traditionnelle déterminent encore les rapports sociaux.

Le mouvement d'unification ou de déperdition de ces sociétés dépendait de circonstances internes (puissance militaire, mode d'évolution sociale et technique), mais aussi des contingences externes, entre autres l'Islam et le commerce, qui pouvaient insidieusement miner l'édifice social à cause des potentialités qu'ils recelaient. Le Tunka, dépositaire du pouvoir temporel, semblait apparemment hors de portée de toutes ces menaces, malgré la présence de négociants soninkés très dynamiques qui, au contact de leurs homologues arabes, se convertissaient à l'Islam. On peut d'ailleurs remarquer que dans les hiérarchies sociales traditionnelles soninkés, la "noblesse" maraboutique qui venait après l'aristocratie guerrière était considérée comme très habile dans la pratique du commerce. Cette catégorie a su s'adapter aux différentes situations des futurs royaumes, avec un réajustement de leurs pratiques anciennes dans la réorientation du commerce atlantique. Rappelons que l'Islam fut utilisé par les Soninkés comme code de conduite dans leurs activités commerciales. En effet, comme le souligne Adams Adrien :

> *"Les commerçants du Soudan ont pu élaborer, à partir d'une commune adhésion à l'Islam, une sorte de règle corporative, alliant à la tolérance nécessaire pour mener affaires parmi les peuples non musulmans le devoir de solidarité entre coreligionnaires"*[1].

A partir du XIème siècle, un vaste mouvement islamique baptisé les Almoravides, suscité par les Berbères, exerça une forte pression sur le Ghana. En 1076, l'empire fut définitivement vaincu et l'Islam imposé à la cour royale. Avec la décadence de cet empire soudanais, ce fut la grande migration des Soninké accompagnée de toute une mythologie explicative du déclin lié, semble-t-il, à la transgression d'un interdit qui garantissait le rayonnement et la sécurité du peuple soninké.

---

1   Adams (A), op cit, P 21.

La légende du Wagadu

Jacques Barou[1] et Adrian Adams citent Charles Monteill, et nous rapportent ce "mythe". Il s'agit d'un serpent génie "Bida" qui assurait la prospérité du Ghana moyennant le sacrifice de la plus belle jeune fille de la communauté. Un jour, la fiancée de Mamadou le "Taciturne" fut choisie. Ce dernier se révolta et tua le serpent avant le sacrifice; la sentence ne se fit pas attendre, car le serpent, avant de mourir, voua le peuple soninké à une recherche perpétuelle du mieux être. Le morcellement, l'errance des Soninkés et la multiplicité de leurs espaces socioculturels dateraient de cette époque.

Adrien Adams ramène ce récit à une simple légende en insistant sur les conditions objectives qui sont à l'origine de la migration soninké. En revanche, Jacques Barou, dans une perspective culturaliste, semble y percevoir la résurgence d'un sentiment de culpabilité né d'un contexte difficile, lié à une situation de diaspora de ce peuple minoritaire qui reste en dehors de la gestion du pouvoir dans tous les pays où on le localise.

Ainsi, le référent mythique aurait une double fonction : d'une part rappeler la faute, ce qui nous renvoie au mythe du pêché originel; d'autre part, sanctifier un passé qui sert de support identificatoire. Pour nous éclairer davantage sur les fonctions psychosociologiques dont l'importance paraît considérable dans le comportement des Soninkés, Jacques Barou nous renvoie à Colette Blanc qui écrit à ce sujet :

> *"L'émigration est donc générale à toute la zone soninké et peut apparaître comme la conséquence de la dispersion amorcée à la fin de l'empire du Wagadu (Ghana) qui a fait à jamais des Soninkés un peuple voué aux voyages"*[2].

Nous voilà à nouveau dans le thème de la dispersion et des prédispositions culturelles sous-jacentes dans la caractérisation de l'émigration soninké par certains ethnologues.

---

1   Barou (J), Travailleurs africains en France, Grenoble, P.U.F.,1978, P 162.
2   Blanc (C) in Barou (J) op, cit, P 162.

Le "mythe" lié au système cosmogonique ne justifie pas à posteriori le phénomène migratoire. Il semble que sa fonction soit de permettre aux immigrés de retrouver leur identité.

Nous ne pensons pas toutefois que l'élaboration collective du "mythe fondateur", en l'occurrence sa revitalisation lors des crises personnelles ou collectives, soit propre aux Soninkés. Il existe évidemment chez les Soninkés une conception quasi mythique, voire mystique, de la société. Elle s'accentue dans une communauté où la sacralité domine, en ce cas, dans la représentation collective, l'ordre et le bien-être ne peuvent provenir que d'une volonté surnaturelle.

Dans des situations difficiles, on constate souvent, à travers les récits et les contes des sociétés rurales, toute une stratégie de responsabilisation collective face à l'échec ce qui permet à la communauté de se singulariser en s'auto-adjugeant des signes qui, tout en la valorisant, la différencient des autres ethnies. Même si la tentation est forte, ceci ne doit pas nous inciter à adopter une position hyperfonctionnaliste dans l'interprétation des légendes transformées allègrement en récits mythiques, ni à traiter comme "symbole" ce qui n'est que manifestation routinière de l'habitus culturel[1].

Si les griots soninkés continuent de rappeler dans leurs louanges et chroniques que la chute de l'empire du Ghana est liée à la violation du Bida, qui signifie un "interdit", c'est pour maintenir un "Totem" et un cordon ombilical qui fonctionnent comme un cadre originel de structuration et de reconnaissance de tous les Soninkés. Cela permet au griot soninké, contrairement à ses homologues des autres groupes ethniques, de bénéficier d'un large auditoire homogénéisé.

Sur le plan régional, la destruction du Ghana par les Almoravides a pour conséquences le déplacement des centres économiques et l'éclosion de grands États comme le Mali et le Songhais qui s'imposent aux peuples soudanais entre le XII et le XVI siècle. Elle déclencha aussi un processus de migrations qui va conduire une partie des Soninkés dans le Tagant, le Hodh et l'Assaba situés dans l'actuelle Mauritanie[2]. Il semblerait que, sous la pression de nomades Arabes Béni Hassan au XIII siècle,

---

1 Oriol(M), Appartenance linguistique, Destin collectif, Décision individuelle, Cahiers internationaux de sociologie, Paris, P.U.F., 1985.
2 Pollet(E), Winter (G), op cit, p 29.

les Soninkés se seraient repliés dans les montagnes de l'Assaba. A partir du XIX siècle, pour échapper aux razzias et trouver des endroits plus favorables à l'agriculture, ils descendent plus au Sud dans le Guidimakha[1].

Le Fouta : l'hégémonie dénianké

Vers 1550, les Peuls dénianké, sous la conduite de Kolli Tenguella, envahissent la moyenne vallée du fleuve qu'ils baptisent Fouta Toro. Ils bénéficient d'une nouvelle réorientation des échanges qui se fait au détriment du commerce transsaharien. Le fleuve se révèle être une voie de pénétration privilégiée pour les négociants et les explorateurs. Il sert de point stratégique pour les représentants des comptoirs occidentaux avant de devenir, par la suite, un échiquier important dans le dispositif de la colonisation française.

A partir du XVIIème siècle, on constate chez les Français un regain d'intérêt pour le fleuve Sénégal qui se matérialise par la création en 1659 du Fort de Saint-Louis. Ce fort sert d'appoint à la compagnie du Sénégal intégrée à celle des Indes en 1720. Cette société a joué un rôle important dans l'évolution et le développement des problèmes socio-politiques de la vallée. C'est elle

> *"qui stimulera les échanges commerciaux directs des pays du fleuve avec la côte portant surtout sur la gomme et les esclaves ; elle évinçait les Maures de leur rôle dans le commerce transsaharien et attirait le mil dont ces nomades avaient besoin auprès des sédentaires du fleuve"*[2].

---

1 Saint-Pere, Les Sarakollés du Guidimaka, paris, larose 1925, 187p.
2 Adams (A), Le long voyage des gens du fleuve, op,cit, P25.

La recrudescence du rapt et ses conséquences

Les souverains peuls réglementaient le droit de passage sur le fleuve, exigeant de chaque bateau un paiement sous forme de taxe. L'accroissement du trafic impliquait nécessairement la multiplication des achats d'esclaves par le comptoir de Saint-Louis très lié aux aristocraties guerrières arabes et peuls, ce qui provoqua une recrudescence du rapt et de la chasse à l'homme. Le gouverneur de Saint-Louis, Ohara, a négocié en 1775 l'achat de "huit mille esclaves après le pillage d'un village de la région du Walo"[1]. L'exaspération et le ressentiment des populations s'accroissaient face à ces exactions.

En 1673-1677, un clerc berbère, Nasdr Al Din, s'opposa avec l'aide des musulmans noirs aux aristocraties guerrières qui alimentaient le comptoir de Saint-Louis. Cet épisode de l'histoire du fleuve reste controversé: certains chercheurs voyaient, au-delà d'une opposition de principe de l'Islam à la traite atlantique, la volonté des notables arabo-berbères de se dresser contre le nouvel axe d'échanges facilité par le fleuve au détriment du commerce transsaharien qu'ils contrôlaient. Adrien Adams, à la suite de Boubacar Barry, ont commenté cette croisade en ces termes :

> *"La guerre sainte entreprise par le clerc berbère visait à renflouer le commerce transsaharien, en substituant aux rois païens qui traitaient volontiers avec Saint-Louis, des théocrates musulmans"* [2].

Cette tentative échoua à cause de l'appui en armes et munitions que le comptoir de Saint-Louis offrit à ses alliés.

Les Futankobés (population du Fouta), qui avaient rallié la cause du clerc Nasdr al Din, continuèrent à se servir de l'Islam comme moyen de lutte contre le pouvoir déniankén peul non musulman, perçu de surcroît comme étranger, et dont l'appareil militaro-administratif compromis dans la traite concourait à l'extension de l'insécurité. L'Islam constitua un ciment idéologique redoutable, s'avérant efficace comme instrument de

---

1 Barry (B), Le royaume du Walo, Paris, Karthala, 1985, 421 P.
2 Adams (A), op.cit. P 23.

cohésion sociale pour la population paysanne, face à un pouvoir puissant mais désarticulé dont la légitimité, réduite aux institutions répressives, ne pouvait répondre aux attentes et représentations des paysans du fleuve.

Après avoir conquis le Fouta, les Dénianké divisèrent le pays en "fiefs" et se livrèrent à des expropriations parmi ceux qui s'opposent à eux au profit des seigneurs conciliants. Ils élaborent une société hiérarchisée fondée sur la dichotomie entre ce que nous appelons improprement les "nobles" et les "plébéiens". Cet antagonisme se renforça à cause de l'ampleur de la traite négrière et de l'attitude complaisante de cette aristocratie envers le comptoir de Saint-Louis. Toutefois, au début du XVIIIème siècle, alors que le mécontentement grandissait, le Satigui (roi), craignant une remise en cause de l'ordre social, appliqua une nouvelle politique foncière pour vivifier les valeurs unifiantes de la société misant sur la dynamique collective de la communauté. Il mettait l'accent sur ce qui soumettait l'individu au groupe, c'est-à-dire la terre. Cette politique se traduisit par une distribution des domaines relevant de la couronne royale.

Les communautés agricoles du Fouta, dont l'organisation du travail était fondée sur la parenté et les "captifs" avaient une production agricole satisfaisante malgré les aléas politiques et climatiques, ce qui permettait aux paysans d'exporter leur surplus de mil au comptoir de Saint-Louis. Leurs activités épousaient un schéma basé sur l'appropriation lignagière du sol et les méthodes collectives de travail et d'exploitation, ce qui incite Vidal (N) à écrire que :

> *" L'histoire du Fouta se confond avec l'histoire de ses terres, et retracer les événements politiques dont ce pays a été le théâtre, c'est préciser l'origine de la propriété terrienne, en même temps qu'exprimer les coutumes qui caractérisent la tenure indigène "*[1]

---

1 Vidal (N), Etude sur la tenure des indigènes du Fouta, in Bulletin du comité d'étude historique et scientifique de l'A.O.F., t 18, P 416.

Les timides réformes foncières entreprises par le Satigui Souley N'diaye ne parviennent à canaliser ni les mécontentements des populations victimes des razzias maures et des Orman marocains, ni à endiguer la percée et l'influence de l'Islam comme valeur dominante cohérente qui accentue l'isolement du pouvoir, accélérant ainsi le processus de délégitimation sociale des fonctions de la dynastie en place.

L'islam : facteur de transformation sociale ?

En 1776, le mouvement islamique, sous la houlette de Souleymane Bal, mit fin au règne des Déniankés. L'interprétation de ce mouvement reste problématique. Dans une perspective évolutionniste, certains auteurs affirment que la révolution Torobé constitue le passage d'une société esclavagiste à une société féodale, dans laquelle la nature des relations entre captifs et maîtres s'est modifiée, car, le maître n'a plus droit de vie ou de mort sur l'esclave, et que celui-ci peut bénéficier d'un lopin de terre. D'autres anthropologues, comme D. Delaunay, estiment qu'il existe une continuité entre les systèmes Déniankés et Torobé. Ces auteurs minimisent le facteur social qui reste à l'origine du renversement de la dynastie des Déniankés et ne voient dans l'avènement des Torobés que le remplacement d'une oligarchie par une autre.

Pourtant, tout le monde s'accorde à reconnaître que la nouvelle oligarchie a pu interdire qu'un habitant du Fouta soit vendu. Elle nomme des contrôleurs Al kaati-M'boolo[1] dont le rôle consiste à vérifier dans les cales des bateaux qu'il n'y a pas de ressortissants de leur communauté. Cette hostilité des Torodo envers la traite et le comptoir de Saint-Louis renforce la sécurité dans le Fouta, attirant ainsi, selon Boubakar Bâ[2], les autres ethnies, Soninkés et Wolof, traquées dans leurs régions d'origine par les négriers. Il donne l'exemple de certains patronymes actuels des Halpularen qui sont spécifiques aux Bambaras, aux Soninké et aux Wolofs. Le constat fort séduisant sur les patronymes peut être retenu a posteriori comme facteur explicatif, on peut toutefois se demander, lorsqu'on examine la

---
1 Bâ (B) Les problèmes agraires sur la rive mauritanienne du fleuve Sénégal, Table ronde, O.M.V.S., Dakar, juillet 1986, P 20.
2 Bâ (B) op.cit. P19.

corrélation entre patronymes et position sociale, si les individus qui sont au bas de l'échelle dans la hiérarchie traditionnelle ne sont pas d'anciens captifs, victimes des razzias ou des conflits entre différents royaumes. Cette remarque ne confirme pas la persistance du rapt. Elle relativise, cependant, la portée de l'hypothèse des patronymes comme explication des transformations de la structure sociale halpulaar, contrairement à un autre aspect fondamental dans la classification sociale lié au fait que le Torodo se recrutait au départ dans toutes les catégories, à condition d'être musulman et de posséder un minimum de savoir islamique.

On assiste au processus d'engendrement, dans la société halpulaar, d'une nouvelle couche sociale, qui se ferme d'ailleurs très rapidement en adoptant les attributs et les signes dont jouissaient les aristocraties guerrières. Le mouvement Torodo entreprend néanmoins quelques réformes, ne se contentant pas uniquement de manier symboles et paraboles. Il se propose d'étendre la culture islamique et instaure une institution collégiale devant théoriquement élire l'Almamy qui supplante désormais le Satigui. En principe, tout homme pieux et érudit peut prétendre prendre la direction de l'Almamya.

En 1790, L'Almamy Abdoul Kader propose une nouvelle politique foncière communément appelée "Feccere Futa" qui signifie partage du Fouta. Cette donation se singularise par son caractère temporaire et par le fait qu'elle introduit le droit d'usage en échange d'un paiement de redevances. Sous le régime de l'Almamya, la gestation foncière semble avoir atteint son terme, ainsi que le constate Vidal (N) qui écrit à ce propos :

> *"La terre cultivable du Fouta est à peu près entièrement appropriée il ne reste guère de possibilités pour les nouveaux défricheurs. Par conséquent, les exploitants sont tenus de demeurer en place et de se soumettre aux exigences des maîtres de la terre pour pouvoir subsister"*[1].

---

1 Vidal (N), op.cit. P 55.

Le mouvement Torodo, malgré ses aspects bicéphales et duels (coupure - restauration), reste celui de l'innovation à travers la cassure qu'il produisit sous l'angle cosmogonique et mythique. Il incarne sous l'Almamy Bokar et jusqu'à 1804[1], le refus de la traite des habitants du Fouta et cela, quelles qu'en soient les motivations. Il préconise aussi une réorganisation de la vie politique qui fait fi des relations consanguines, seuls l'ascétisme et les aptitudes individuelles étant pris en considération dans le choix des guides. L'avènement du pouvoir Torodo marque la confusion du spirituel et du temporel. Il traduit aussi celui de la continuation de l'ordre social ancien sur le plan structurel, de la normalité et de la justification des inégalités par le biais d'une formidable récupération des us inhérents aux "grandes familles" comme la prestance, la générosité et les règles de l'Islam qui devient un élément fondamental de l'identité des Halpularen. Ce mouvement a réussi le tour de force de contribuer au changement des fondements de l'aristocratie Déniankée en légitimant celle-ci par l'Islam, sans remettre en question l'édifice social lui-même. Il associe au pouvoir, dans certaines régions comme le Damga, les représentants de la dynastie déchue qui troquent pour toujours le titre de Satigui contre celui d'Almamy, alors qu'ils ne constituent pas un modèle dans leurs pratiques et connaissances islamiques.

Ce type de compromis, voire de compromission, indique le caractère "politicien" de ces dignitaires religieux, incapables de surmonter leurs contradictions, en particulier les rivalités entre grands fiefs qui paralysent le collège des grands électeurs, créant ainsi de longues périodes d'instabilité dans le Fouta.

---

1 Bâ (B), op.cit. P 35.

Le Fouta sous contrôle français

Entre-temps, les conflits opposant depuis longtemps les puissances occidentales pour le contrôle du comptoir s'estompent grâce au traité de 1815, signé par les Pays-Bas, le Portugal et la France, qui entérine la possession définitive de points de commerce par les Français[1]. Ces derniers avaient privilégié jusqu'alors une présence indirecte par le biais de ces comptoirs de commerce. A la suite de rapports élogieux sur la fertilité du Fouta, la France se lance dans une politique de colonisation agricole pour assurer l'autonomie des comptoirs vis-à-vis des indigènes grâce à une meilleure productivité.

Le gouverneur Schmaltz est subjugué par les potentialités naturelles de la vallée qu'il compare aux bords du Gange. Il écrit :

> *"qu'il n'existe pas le moindre doute pour lui de réussir toutes les cultures qu'on voudra"*[2].

En 1819, il adresse une lettre au ministère pour expliquer quels doivent être les objectifs d'une colonisation agricole. Cela consiste à s'introduire dans un vaste pays peuplé

> *"de plusieurs mêmes hommes, à les déterminer au travail par les avantages qu'ils peuvent trouver sans nous, à les attacher par l'augmentation graduelle de leurs besoins présents, à les diriger utilement pour nos intérêts par des exemples tendant à perfectionner leur agriculture, à les ranger insensiblement sous la domination française"*[3].

Cette stratégie d'encerclement se heurte aux refus fermes des populations d'abandonner les cultures traditionnelles et des oligarchies locales de concéder leurs terres. Le Baron Roger,

---

1 Barry (B), Le royaume du Walo, Paris, Karthala, 1985.
2 Papy (L), La vallée du Sénégal: Agriculture traditionnelle et Agriculture moderne in Cahiers d'Outre-mer, n°16, 1951, P 24.
3 Papy (L), op cit.

nommé en 1822, dix ans plus tard, mit fin aux projets en partant du constat que les problèmes résident dans "l'indépendance d'esprit et des mœurs des gens du fleuve qui estiment être libres de leurs choix". Ainsi, au grand désespoir des autorités coloniales, et plus tard des gouvernements nationaux, qui auraient voulu que la région du fleuve soit une grande zone de cultures d'exportation (coton, plantations de cannes) pour supplanter une agriculture vivrière jugée peu performante. D'ailleurs, à la fin du XIXème siècle, cette région fut délaissée au profit du Cayor et du Sine Saloum c'est-à-dire de l'actuel bassin arachidier du Sénégal.

Le fait qui précipite les événements est l'abolition de la traite en 1831, même si son application n'est effective qu'en 1848 avec l'émancipation des Noirs dans les Antilles. Les conséquences probables de cette mesure poussent les responsables du comptoir de Saint-Louis, largement tributaires de l'esclavage, à modifier leurs perspectives assorties de nouvelles exigences. Une réorientation du commerce axée sur la gomme arabique et les produits agricoles les incite à exercer des pressions sur les autorités françaises pour qu'elles mettent fin à ce qu'ils considèrent comme une situation d'insécurité: le contrôle du fleuve par les autochtones et les taxes qu'ils payent aux souverains noirs et Maures.

Le gouverneur Faidherbe, doté d'importants moyens matériels et militaires, sera chargé de la suppression de la coutume et de l'imposition de la souveraineté française, avec pour principe de base la division du Fouta.

En 1859, les autorités françaises proclament le morcellement du Fouta et l'instauration sur tout le territoire du protectorat français. L'émiettement politique est consommé avec la suppression de l'Almamya en 1891 ; parallèlement, la France s'attelle avec "magnanimité" à bureaucratiser la chefferie traditionnelle ralliée dont le rôle consiste à servir de courroie de transmission entre le pouvoir colonial et la population. Les luttes des factions lignagières servent objectivement les autorités coloniales qui, par la nomination de chefs de canton, développent les relations de clientélisme et renforcent la structure coercitive du pouvoir traditionnel par de nouvelles prérogatives parmi lesquelles: la perception des impôts et le réquisitionnement pour les corvées entre autres.

Les chefs traditionnels tiraient de cette collaboration deux avantages : ils se prévalaient d'une double légitimité émanant d'une part des autorités coloniales avec tout ce que cela peut représenter d'ambivalent dans l'imaginaire collectif des populations vaincues. D'autre part, la non remise en cause systématique du régime foncier, qui reste un pilier dans le soubassement du pouvoir des halpularen et soninké, fortifiait leur position dans leurs lignages, tout en affaiblissant leurs potentiels rivaux.

A cet égard, les autorités françaises ont freiné les transformations en cours pour ne pas gêner leurs alliés ou compromettre leurs intérêts. C'est ce qui explique la récupération de certaines mesures comme la réforme foncière, le décret d'abolition de l'esclavage de 1905 qui a suscité la création de certains quartiers ou villages d'anciens captifs fuyant la tutelle du maître. On les dénomme "les libérés ou liberté", mots à connotations encore négatives dans la langue pulaar et soninké et qui renvoient à une sorte de délocalisation biologique et parentale de l'individu dans les rapports sociaux avec la communauté. Cela constitue un handicap impliquant des situations cocasses et paradoxales dans la mesure où le descendant "d'esclave" maintenu dans des rapports de domination et d'exploitation peut bénéficier de plus de facilités que le l'ancien esclave affranchi par la puissance coloniale appelé "liberté"[1], par exemple dans la distribution ou la location des terres.

Cette situation découle en partie du fait que la bureaucratisation n'a pas entamé les institutions régulatrices des activités sociales, même si elle a affaibli certains clans en autonomisant davantage le pouvoir du village. Le processus de désignation des chefs de village se fonde encore maintenant sur des critères sociaux traditionnels qui sont discriminatoires, cela malgré les diverses réformes de la chefferie.

---

1   On ne peut généraliser ce phénomène que nous avons néanmoins observé dans quelques villages de la région du fleuve Sénégal.

2 RAPPORTS ENTRE LES HIÉRARCHIES TRADITIONNELLES ET LES POUVOIRS ISSUS DES INDÉPENDANCES

Le dépérissement des fonctions politico-religieuses dans les sociétés traditionnelles conduit à terme à la déliquescence de ses institutions, chose inacceptable sans cadres crédibles de substitution pour les pouvoirs issus d'une indépendance octroyée, car ceux-ci ne jouissent pas de la légitimité que confère la guerre d'indépendance dans d'autres pays, d'autant plus que leur multiplicité ethnique n'offre aucun levier privilégié d'identification. Dans ces conditions, les déclarations des dirigeants africains sur la démocratisation du droit foncier et des institutions et sur une grande participation des paysans dans la gestion de leur patrimoine demeurent illusoires.

La tâche s'annonçait d'autant plus rude qu'une association des propriétaires cultivateurs très liée aux hiérarchies traditionnelles de la vallée tint son premier congrès en Juillet 1958 à Matam, ville du Fouta située au bord du fleuve, pour adopter une position somme toute ambiguë où ils appelaient "les gouvernements à perfectionner les techniques agricoles afin d'améliorer le standing des populations rurales".

Lors de cette rencontre, ils flétrissent l'action de

> *"certains arrivistes qui, sans scrupules, ont tendance à s'approprier indûment des terres qui ne leur sont cédées qu'à titre de droit d'usage, et dont ils n'acquittent même pas les droits de culture"*[1].

Par ailleurs, se référant à l'attitude des autorités coloniales face aux éléments de légitimation traditionnelle ils rappellent que :

> *"les autorités françaises ont toujours respecté la coutume qui s'y attache. (Ils) mettent en garde certains fonctionnaires subalternes qui par leur esprit fallacieux se prêtent au jeu des arrivistes sous le prétexte*

---

1 Extrait du journal Paris-Dakar du 2 Juillet 1958.

fallacieux que les terres appartiennent à tout le monde"[1].

Cette inquiétude concernant les problèmes fonciers de la vallée s'estompe provisoirement grâce notamment aux garanties apportées par les nouveaux responsables politiques de ne pas bouleverser le mode de tenure traditionnelle. La classe dirigeante provenant essentiellement des couches sociales dominantes œuvra pour que les enjeux entre le nouveau pouvoir et les institutions traditionnelles potentiellement conflictuelles se déplacent du champ de la compétition de gestion du social à celui de la complicité. Cela se fit grâce à une mobilisation des ressources symboliques sous-tendue par un discours ethnique démagogique avec tout son cortège de clichés sur l'Autre qui reste malheureusement encore efficace dans un pays comme la Mauritanie où le pouvoir résulte d'une équation raciale et tribale[2].

La chefferie traditionnelle : relais de l'État

Le chef de village ou de tribu avait pour mission de représenter sa collectivité auprès de l'administration et celle-ci auprès de son "peuple". Il était chargé d'arbitrer et de régler les conflits internes, d'appliquer la justice coutumière et de collecter les impôts. Sous certains aspects, c'était une reconduction des fonctions et des privilèges attribués par l'administration coloniale aux chefs coutumiers. Pour lutter contre le tribalisme, le décret de 1963 préconise la suppression par extinction de la chefferie à laquelle se substituerait le conseil de village; toutefois à notre connaissance, très peu de villages ont appliqué cette mesure, ce qui paraît tout à fait logique car le parti unique[3] de l'époque, outrepassant comme à l'accoutumée ses résolutions, continuait à entretenir ses réseaux traditionnels.

---

1   Ibid, P 2.
2   Marchesin (P), dans son livre Tribus, Ethnies et pouvoirs en Mauritanie, ed Karthala, 1992, montre comment le fait tribal et ethnique structure la vie politique mauritanienne.
3   Le 10 Juillet 1978, le régime civil du président Moctar ould Daddah qui avait engagé la Mauritanie dans une guerre pour l'occupation du Sahara occidental fut renversé par un groupe d'officiers.

Tout récemment, lors des consultations de Janvier 1989 pour l'élection de maires des communes rurales et de conseillers municipaux, suscitées par la junte de Nouakchott, nous avons assisté dans de nombreux cas au Guidimaka et dans le Gorgol, à une reconduction des descendants de la chefferie traditionnelle. L'argument souvent avancé pour expliquer ce phénomène reprend le schéma classique de l'immaturité politique des communautés rurales et de certaines pesanteurs sociales. Loin de nous l'idée de rejeter ce constat, mais le problème principal demeure la complaisance de nombreux intellectuels et politiques envers ces groupes de pressions traditionnels dont ils sont issus eux-mêmes; cela serait-il dû à la peur de la réprobation sociale qui pourrait nuire à des plans de carrière ? Tout ceci rentre dans la normalité des mœurs politiques où les catégories dirigeantes de ce pays veillent à ce qu'il n'y ait pas de disjonction entre le statut social "ancien" et l'exercice du pouvoir.

3. L'ORGANISATION SOCIALE

Envisagée de manière fonctionnelle, le système de parenté se présente comme un instrument de régulation qui secrète les modes de conciliation des différents types d'alliance et les pratiques distinctives des membres d'un même lignage. Si l'indépendance économique des individus les uns vis-à-vis des autres devient de plus en plus importante dans les zones d'émigration en Mauritanie, elle ne surdétermine pas encore les rapports sociaux. Sinon, comment expliquer que des groupes anciennement dominés continuent de l'être socialement et culturellement, malgré l'autonomie financière que leur procure l'immigration?

Les structures sociales

L'indicateur le plus pertinent qui nous permette d'appréhender les rapports sociaux de ces groupes ethniques reste l'endogamie des catégories dominantes. Les lignages, décrits souvent comme moribonds, arrivent encore à assurer la fonction de préservation de leurs membres, en excluant les éléments qu'on peut qualifier de "roturiers" de la compétition pour le pouvoir villageois et de l'espace des alliances matrimoniales.

La structure sociale soninké ou halpularen renvoie à une stratification sociale définie en termes de "classes" ou "castes", ce qui se manifeste par des participations inégales dans la direction du village et à l'appropriation du sol. Les facteurs de différenciation liés au sexe et à l'âge ont moins d'importance que les liens du sang. Toutefois, exceptionnellement, nous connaissons des exemples qui montrent que, lorsqu'il y a un décès ou une absence du chef de concession, c'est le captif le plus âgé du clan qui devient provisoirement chef de famille[1].

Dans ces sociétés, la filiation est patrilinéaire. L'autorité de la famille élargie revient au plus âgé qui décide théoriquement de tout ce qui concerne la collectivité, depuis la répartition des biens jusqu'au choix et à l'attribution des épouses. Il peut exister chez les halpularen plusieurs ménages dirigés par le chef de case ; par contre chez les soninké la centralisation est plus forte. Les ménages n'ont pas une grande autonomie à cause de la rigidité du système social, que l'émigration a renforcée sous certains aspects.

Le système de parenté couvre tous les domaines de la vie sociale; il se caractérise par son aspect multiforme qui lui dicte les stratégies adaptées. Il est discriminatoire au village, où il invite chacun à continuer à jouer la partition que lui impose le système traditionnel; il apparaît comme ouvert, voire dynamique, lorsqu'il intègre la notion de l'espace villageois comme ciment de la communauté. D'où une seconde catégorisation, observée dans tous les villages où nous sommes allé, qui repose sur une dichotomie entre les autochtones (Djoon wuro) et les immigrés (Arani). La notion de pouvoir est en rapport dialectique avec celle de parenté. De ce fait, on ne peut se contenter d'une analyse unilatérale qui privilégierait l'une au détriment de l'autre. C'est pourquoi il nous semble que ce n'est pas le degré d'instrumentalité[2] des relations sociales qui est important, mais le fait que ce soient elles qui déterminent les activités collectives fondées sur la spécialisation des rôles.

---

1 Notre informateur explique ce phénomène par le fait que le descendant de captif qui jouit d'une indépendance totale est membre à part entière de la grande famille composée de fils d'anciens esclaves et de nobles.
2 Balandier (G), Anthropologie politique, Paris, P.U.F.,1967, P 240.

Les groupes sociaux

La notion de stratification sociale recouvre le champ entier des inégalités, bien qu'elle ne détermine pas la nature de celles-ci[1]. Les classifications liées aux critères biologiques, à l'âge et au sexe, auxquels nous avons déjà fait allusion, ont une importance dans le système social des Soninkés et des Halpularen. Mais ce qui paraît essentiel dans le fonctionnement de ces communautés, c'est la prédominance de l'autorité de l'homme sur toutes les femmes à l'exception de celles qui sont très âgées. Ces inégalités primaires, certes importantes, paraissent néanmoins peu significatives par rapport aux divisions horizontales basées sur l'extorsion.

Nous distinguons trois groupes sociaux[2] traditionnels dont les activités politiques et sociales sont déterminées par leur statut :

a) les Rimbés "nobles" représentent la strate sociale la plus élevée.

b) les Nyembés artisans, "laudateurs" participent activement à la vie du village. Ce sont des cordonniers, des forgerons, des bûcherons, des griots, etc.

c) les jiyaabés (esclaves) et Sootibé (affranchis) constituent la catégorie qui a été traditionnellement la plus exploitée.

Contrairement aux idées reçues, les "nobles" de la société négro-africaine travaillent la terre bien que par ailleurs ils possèdent certaines prérogatives liées à leur rang. Les pratiques ostentatoires sont très développées au sein de leur classe. Ainsi, en contrepartie des louanges, du prestige que leur prodiguent les griots ou nyembés, les "nobles" n'hésitent pas à consentir d'énormes sacrifices matériels. Les "nyembé" appartiennent à une caste aux compétences bien définies ; ce qui les caractérise, ce n'est pas tant leur métier héréditaire que le rôle de conciliateur et d'intermédiaire qui leur est dévolu. Il leur revient

---

1 Diop (A.B), La société Wolof, Paris, Karthala, 1986.
2 Sur le plan socio-économique, une transformation s'est opérée favorisant une certaine émancipation. Toutefois dans les représentations cette classification demeure tenace et se manifeste à travers une forte endogamie des familles "nobles".

le devoir de négocier, voire de concilier, les différends susceptibles d'opposer les membres du groupe dominant.

Le système social est conçu de telle sorte que toute ascension sociale apparaisse comme une transgression des règles établies. Pour reprendre l'expression de Henri Mendras[1], nous dirons que nous sommes dans une société "d'interconnaissance" où les aspects de la personnalité de l'individu et ses obligations découlent de l'image du positionnement social de sa famille. Si l'indivision paraît être une règle générale appliquée aux communautés soninkés et halpularen, la pratique courante montre que chez les forgerons, notamment par le biais de la propriété individuelle, les moyens de production (forge) se transmettent d'un groupe domestique à un autre. L'articulation entre la filiation et le patrimoine n'est pas très marquée chez eux, en comparaison avec les autres groupes sociaux de leur ethnie. L'explication, à notre avis, doit être recherchée dans la coupure du cordon ombilical qui les liait au lignage.

Il est frappant de voir avec quelle rapidité les structures socio-économiques se libèrent des rapports de parenté dans les castes spécialisées dans un métier. Cependant, l'indépendance économique, la réussite des catégories "classées inférieures" n'arrivent pas à annihiler totalement le substrat socio-culturel de la société rurale qui continue de les aliéner. La hiérarchie sociale traditionnelle, encore très enracinée dans les mentalités rurales, repose sur une confusion entre le contrôle de l'espace et le pouvoir socio-politique.

4. LA TENURE FONCIÈRE[2]

Le rapport à l'espace est un enjeu socio-politique; il est le produit de l'histoire des relations au sein des sociétés rurales. Sa gestion obéit à des normes dont le respect conditionne la cohabitation pacifique entre divers groupes sociaux (agriculteurs et éleveurs, anciennes catégories dominées et propriétaires

---

1 Mendras (H), Eléments de Sociologie, Paris, Armand colin, 1975, P 15.
2 Précisons que nous avons mené notre enquête sur les pratiques foncières dans des villages du département de Maghama, dans la région du Gorgol.

terriens). Elle s'appuie sur un ensemble de règles qui régissent le mode d'exploitation et de jouissance des terres.

L'indivision de la terre

Bien qu'ayant subi quelques bouleversements dans son organisation sociale et dans le mode de résolution de ses problèmes, la société paysanne conserve toujours les principes de base qui régissent la tenure foncière. Les droits sur l'espace sont collectivement appropriés par le lignage[1] et "la famille élargie".

Ainsi, chez les Négro-africains de Mauritanie, le lignage paternel jouit de tous les biens et droits ; il constitue pour la famille un garde-fou contre toutes les tentations d'appropriation individuelle, en pérennisant certains principes tels que l'inaliénabilité et l'indivision de la terre. Cette conception n'exclut nullement une utilisation individuelle de la terre dans le cadre général de la propriété collective. Ce qui importe en fin de compte, c'est "la bilatéralité de l'idéologie dominante" qui veut, d'une part que l'individu accède moins à la terre qu'à une position sociale, et d'autre part qu'il y ait identification de la famille à l'espace qu'elle occupe. Rappelons que la terre n'est pas uniquement un moyen permettant au paysan de survivre. Elle est considérée par les populations comme le dépositaire "d'une mémoire collective et historique du groupe"[2].

Les formes de location

Le droit de propriété s'exerce à travers un système de taxes. Celles-ci rappellent à l'individu utilisant la terre les liens sociaux qui fondent les rapports au sein du groupe. Cela permet de tempérer toute velléité d'appropriation des terres "prêtées". Au début, les versements étaient simplement symboliques, mais avec les transformations sociales produites par les changements

---

1 Comme le souligne Boubakar Bâ, la segmentation des lignages a conduit au morcellement des domaines fonciers dans la moyenne vallée. Cependant, dans certains villages du Damga (Gorgol) et du guidimakha, il sert encore de rempart contre l'individualisation de la terre.
2 Babacar Sall, De la modernité paysanne en Afrique noire, ed L'harmattan, paris, 1993, p 43.

socio-économiques intervenus ces dernières années, ils prennent un caractère de plus en plus mercantile. Les différentes formes de location utilisées par les sociétés rurales de la vallée s'apparentent à un compromis bâtard entre le métayage et les rapports sociaux traditionnels. Ainsi nous avons l'Assakal[1] qui est une règle d'origine islamique. Elle stipule que celui qui jouit du droit d'usage doit donner le dixième de la récolte au propriétaire de la terre dans le cadre du prêt. Le Rampétien : il est pratiqué par ceux qui disposent de beaucoup de terres et de peu de bras, en contrepartie de la moitié de la récolte. Le Tiotigou[2] propose un certain nombre d'années ne dépassant pas dix ans de droit de culture sur la terre contre de l'argent ou du bétail ; toutefois le décès de l'un des contractants entraîne automatiquement la nullité du "marché".

Il y a aussi le patrimoine foncier collectif (diowré) qui demeure sous la tutelle du chef de village. Ce dernier peut l'allouer aux déshérités. La récolte qu'il récupère de ces terres est stockée dans les greniers. En principe, cette récolte doit être redistribuée aux différentes familles du village en cas de pénurie alimentaire. Soulignons que, dans de nombreux villages du Damga, ces terres sont devenues patrimoine du chef de village. Elles ne remplissent plus leur fonction sociale.

Ces types de "contrats" toujours verbaux et individuels se concluaient quelquefois sans témoins, ce qui pouvait, à long terme, susciter de la part de certains contractants des contestations. Néanmoins un certain nombre de règles, liées aux rapports de subordination entre ceux qui détenaient la terre et ceux qui souhaitaient pouvoir en bénéficier, réduisaient le champ de la contestation. Outre l'identité partagée, qui restait le meilleur garant des loyautés entre "hommes de parole", les juges traditionnels Djagarafs, grâce à leur bonne connaissance des normes de location et d'utilisation de la terre, faisaient autorité en cas de litige.

Si l'indivision permet la sauvegarde du patrimoine foncier familial, en revanche son adaptation à la nouvelle situation politico-économique soulève des interrogations. L'absence de cadastre, le processus d'atomisation de la famille, la valorisation

---

1 Assakal: il a été introduit après la révolution Torobé.
2 Tiotigou et le Rampétien sont des règles antérieures à la révolution Torobé.

des terres due à la sécheresse et à la mise en valeur du fleuve Sénégal poseront nécessairement un jour le problème des règles de la dévolution successorale.

La réforme foncière

La terre devient de plus en plus un enjeu social spécifique, à la fois au sein des collectivités rurales et dans les rapports avec le pouvoir politique. Les espaces ruraux sont désormais concernés par une politique nationale de développement qui renforce le rôle de l'État dans le monopole de la terre. En 1979, une commission nationale est créée par le gouvernement mauritanien pour se pencher sur les questions foncières. L'ordonnance 83 127 du 5 Juin 1983 et les décrets d'applications accroissent le pouvoir de contrôle et d'intervention de l'Etat sur la gestion foncière.
Les principaux objectifs de cette réforme sont :
- l'abolition du mode de tenure traditionnel,
- réduire les inégalités d'accès à la terre entre les populations,
- favoriser l'individualisation de la propriété,
- inciter le secteur privé à investir dans l'agriculture.

Indépendamment des déclarations de bonne intention qui sous-tendent toutes les réformes, nous sommes frappé par le caractère centralisateur du projet, qui, d'emblée, rejette toutes les spécificités locales et les pratiques sociales existantes. Dans un contexte marqué par une politique de répression de l'État contre les communautés négro-africaines, cette démarche renforce les logiques identitaires et cristallise les contradictions interethniques autour de la question foncière. Elle introduit aussi une superposition de deux logiques antagoniques et deux types de légitimité pour l'appropriation du sol, d'autant plus qu'une grande partie de la population n'est pas suffisamment informée sur la portée et le contenu de la réforme. Cette volonté étatique d'annihiler les logiques foncières paysannes et de favoriser les investisseurs est perçue par les habitants de la vallée comme un moyen destiné à les spolier. On notera qu'en 1985 et 1986 deux circulaires du ministère de l'intérieur[1] autorisent des attributions temporaires d'exploitation de terrains. De ce fait, on assiste à des occupations sauvages de terres par des investisseurs bénéficiant de l'appui de l'administration. En août 1990, une circulaire du pouvoir introduit un régime dérogatoire pour couvrir et régulariser ces situations illégales.

La réforme foncière en Mauritanie a privilégié une approche technicienne et bureaucratique. Un courant politique sectaire et dominant au sein de l'appareil d'État l'a détournée à des fins partisanes. Elle s'appuie sur une logique étatique qui "repose sur une articulation alliant d'une part, espace et politique, et d'autre part, espace et technique"[2]. Elle accorde une grande importance à la notion de mise en valeur, mais comme le soulignent avec pertinence G. Hesseling et B. Crousse[3], comment apprécier " qu'une terre ne révèle plus de trace de mise en valeur"?

Dans de nombreux villages, les règles traditionnelles de la maîtrise du sol subsistent toujours, malgré l'ordonnance sur la réforme foncière. D'ailleurs, certaines communautés ne comprennent pas pourquoi elles devraient demander à l'Etat la reconnaissance de leurs droits de propriété. On ne modifie pas les représentations et les pratiques sociales d'une communauté uniquement à coups d'ordonnances et de décrets. Loin de nous l'idée de prêcher pour un statu quo ; nous pensons aussi qu'il faut des supports institutionnels, un cadastre, pour créer les conditions d'une meilleure exploitation et productivité des terres. Cependant, évitons la confusion entre un discours idéologique progressiste qui justifie la réforme et les options socio-économiques libérales qui la motivent. Si théoriquement, la réforme foncière permet aux catégories sociales les plus défavorisées de pouvoir accéder plus facilement à la terre, les faits montrent qu'elle a surtout favorisé des hommes d'affaire,

---

1 Pour une étude plus détaillée sur la problématique foncière en, se reporter à la contribution de Boubakar Bâ: La question foncière pp 254-274 in La vallée du fleuve Sénégal sous la direction de B.Crousse, P Mathieu, S.Seck, Karthala, 1991.
2 Babacar Sall, De la modernité paysanne en Afrique noire, L'Harmattan, 1993, p 43.
3 Gerti Hesseling, Bernard Crousse, La réforme foncière dans la vallée du fleuve Sénégal, Mission sur les aspects fonciers du Programme d'Ajustement structurel du Secteur Agricole (PASA), Leiden, octobre, 1992, p15.

délaissant le secteur de la pêche en crise. L'appropriation privée est considérée par les pouvoirs publics et les bailleurs comme un moyen permettant à la Mauritanie d'améliorer considérablement sa production agricole.

La problématique du foncier renvoie en Mauritanie à deux logiques. D'une part, nous avons la thématique de la théorie développementaliste dans sa dualité oppositionnelle (mode d'action villageoise-privatisation) et d'autre part, le problème de l'extension de l'intervention de l'État et de la diffusion d'un système économique libéral.

La réforme foncière, en réactualisant le problème de la nature du droit de la terre et en introduisant la notion du bien vacant, renforce les pouvoirs publics qui définissent les priorités en éliminant les obstacles économiques et sociaux susceptibles de constituer un frein à leurs projets de développement. Soulignons que les attributions de terres inférieures à 30 hectares restent sous l'autorité des prefets et des gouverneurs. En ce sens, nous constatons que le décret du 19 Janvier portant application de l'ordonnance sur la "réorganisation foncière" paraît très ambigu. Le flou de certaines dispositions est sujet à diverses interprétations (cf. article 9 de l'ordonnance n° 83 127 pour les terres réputées mortes). Les dispositions de l'article 21 interdisent toute convention d'affermage se traduisant par le partage des fruits ; elle exige désormais que la contrepartie de toute opération se fasse en monnaie, tentant ainsi de substituer les rapports marchands aux liens sociaux traditionnels de subordination. Nous décelons à travers tout le décret cette idée directrice: une certaine volonté de passer d'un type d'organisation semi-traditionnel à un autre plus moderne. Nous reviendrons sur cet aspect qui laisse deviner en filigrane toutes les options politiques des autorités mauritaniennes dans la région du fleuve. Toutefois, pour illustrer nos propos, nous citerons l'article 21 qui, sans l'annoncer, met en cause l'indivision, en s'attaquant à son essence :

> *"Toute collectivité qui exprime le désir de conserver ses liens indivis doit se transformer en coopérative"*[1].

Cette réforme est inspirée par les potentialités liées à la valorisation du bassin du fleuve Sénégal. Elle ne prend pas en considération les règles et pratiques locales et la diversité des acteurs et de leurs logiques. L'ordonnance et les décrets d'application sont complexes et peu compréhensibles pour la population. Cette complexité est renforcée par le fait que l'application de la réforme dépend de trois ministères. L'intervention des trois ministères (intérieur, finances, développement rural) concernés favorise des interférences et des confusions dans un pays où le pouvoir est gangrené par le clientèlisme et le népotisme.

Pour pallier les effets pervers de la réforme amorcée par le pouvoir de Nouakchott, certains villageois utilisent des stratégies familiales et communautaires qui vont du "partage théorique" du patrimoine jusqu'aux "dons" des terres aux associations de migrants qui sont chargées de les mettre en valeur et de distribuer des parcelles aux autochtones. Un notable avec lequel nous nous sommes entretenu sur les problèmes fonciers, lors de notre enquête, nous a fait comprendre que face à la menace de dépossession, "il est préférable, dans l'intérêt du village, de céder les terres aux enfants qui acceptent tous les sacrifices pour que la misère ne s'installe pas chez nous"[2].

A travers cette assertion, nous retrouvons les mécanismes classiques de l'instinct grégaire face "au danger" extérieur.

Comble du paradoxe, l'émigration, dont les conséquences néfastes sur la démographie et le travail de la terre sont stigmatisées dans certains travaux de recherche, semble s'imposer comme une bouée de sauvetage face aux difficultés croissantes des populations rurales. Devrions-nous réduire les explications de cette situation au désarroi que connaissent les

---

1 Decret d'application de la réforme foncière, Nouakchott, Janvier 1985, P 4.
2 Entretien que nous avons eu avec un notable du village Y en Février 1989.

paysans de la vallée du fleuve, ces dernières années ? Nous n'en sommes pas convaincu, car, comme nous le montrerons dans le chapitre consacré à l'émigration, "partir" n'a jamais été perçu négativement par la société dans la mesure où cela résulte d'un acte collectif. Il y a un âge pour participer aux travaux champêtres, pour se marier ; il y avait aussi un âge dans les communautés rurales où l'on devait quitter son village pour aller faire ses preuves. Mais décrire ces comportements sans chercher à les situer dans leur contexte économique et social serait également tout à fait réducteur.

CHAPITRE 2
LES MOUVEMENTS MIGRATOIRES

L'histoire de la région du fleuve Sénégal rend compte des différents mouvements de population dûs à la recherche de nouvelles terres ou aux problèmes socio-politiques auxquels étaient confrontées ces sociétés.

1. LES MIGRATIONS INTERNES

La mobilité[1] a toujours été l'une des caractéristiques anciennes des Soninkés et des Halpularen, à cause notamment de leurs organisations sociales et économiques. Dotées de techniques de productions rudimentaires, impuissantes face aux difficultés engendrées par les aléas climatiques, ces populations cherchaient toujours à s'implanter à proximité des points d'eau.

Il semblerait que la grande migration des Soninkés du Nord du Sahel soit liée à la sécheresse qui ravagea l'empire du Ghana au XIe siècle. La région actuelle du Fouta, dans la vallée du fleuve Sénégal, connut un incessant va-et-vient des Soninkés, des Wolofs et des Halpularen pour le contrôle de l'espace et de l'eau.

Pendant la période coloniale, on constate une amplification de ces mouvements migratoires, résultante des pratiques économiques des Soninkés et des Halpularen (agricultures et élevages extensifs) et de la pacification par la France de la rive droite. A partir de 1890, pour des raisons liées à la démographie ou à des impératifs de sécurité, les Soninkés occupent l'intérieur des terres sur la rive droite. Ce mouvement fut certes une réponse à un besoin de "décongestionnement" social par la mise en valeur de nouvelles terres, mais il traduisit aussi le désir de fuir hors de portée de la violence et des exactions exercées par le pouvoir colonial[2].

---

1 Ne confondons pas mobilité et nomadisme. Nous voulons seulement souligner que l'insécurité, la recherche de meilleures terres et de points d'eau constituaient des facteurs de migration pour les Soninkés et les Halpularen.
2 Bradly.(C), Raynant. (C), Torrealba. (J), Le Guidimakha mauritanien, London, War on Want, 1977, P 56.

Les migrations agricoles et pastorales affectaient le groupe entier qui se réimplantait selon le modèle traditionnel en reproduisant les toponymes des lieux précédemment occupés. La précarité des techniques de travail des paysans de la vallée et l'instabilité climatique de la région incitent à accorder une importance centrale à la dimension écologique, comme facteur explicatif de la migration. Évitons, toutefois, de nous focaliser uniquement sur un aspect particulier du problème, car la migration est générée par l'interaction de plusieurs paramètres socio-politiques et écologiques. La prépondérance de l'un de ces facteurs par rapport aux autres dépend de la conjoncture. Ainsi, si la suppression de l'esclavage en 1905 par les autorités coloniales désorganisa le système de production des communautés rurales, ce furent la non transformation qualitative de l'agriculture et la perte d'importance du fleuve comme axe d'échange qui jouèrent le rôle décisif. En conséquence, les habitants de la vallée du fleuve furent obligés d'aller louer leurs services dans les bassins arachidiers.

Le navetanat ou migration saisonnière

Sous la pression des maisons de traite, l'administration favorise le développement de la culture de l'arachide dans les régions du Cayor et du Sine. La construction du chemin de fer désenclave les bassins arachidiers, permettant ainsi l'éclosion et l'essor du navetanat, c'est-à-dire de la migration saisonnière.

Le navetanat consiste à louer un lopin de terre et des semences à un propriétaire foncier en contrepartie de 3 à 4 jours de travaux par semaine à effectuer pour lui. Comme il se trouve que le calendrier agricole des bassins arachidiers correspond à celui de la vallée, seul l'aîné est autorisé par le chef de famille à aller travailler dans ces régions.

Les terres proches des grands axes de communication sont l'objet de sollicitations intenses à cause des facilités qu'elles procurent pour l'écoulement des récoltes.

Le mouvement de jeunes hommes valides vers les zones de cultures d'arachides contrariait les autorités coloniales qui éprouvaient de plus en plus de difficultés à mobiliser la main d'œuvre destinée aux corvées (construction de route et de poteaux télégraphiques). Cette situation était d'autant plus incompréhensible pour les autorités coloniales qu'elles ne rencontraient pas les mêmes difficultés dans la région du Niger; d'où ce constat d'un responsable de l'administration coloniale qui, ignorant sans doute les spécificités économiques et historiques des deux régions, écrit :

> " *Nous n'avons aucune peine à réquisitionner des travailleurs de la région du Niger, mais il n'en est pas de même de celle du haut Sénégal. On s'explique d'autant moins ces désertions que les indigènes de cette région ont l'habitude d'aller en grand nombre louer leur service au Sénégal* "[1].

Une migration contrôlée

Grâce au navetanat, les populations de la vallée essaient de s'adapter au nouveau contexte créé par la colonisation qui va donner une nouvelle impulsion aux cultures d'exportation (arachide) au détriment des cultures vivrières. La migration devient de fait le complément de la production agricole locale. Elle permet de payer les dettes, d'habiller la famille et de lui procurer les ressources monétaires nécessaires pour s'acquitter de l'impôt per capita introduit dès 1862. Toutefois une évolution se dessine. Le navetanat se transforme peu à peu, il apparaît de plus en plus, pour certains, comme un moyen de satisfaire des aspirations personnelles. L'introduction de l'argent dans le circuit des échanges matrimoniaux, le prestige social que représente la possession d'un cheptel font désormais de la monnaie un instrument efficace pour l'accumulation du capital symbolique. Ce qui est important pour le migrant, ce n'est pas tant l'intérêt matériel qu'il peut retirer d'un troupeau de cent bêtes, que la reconnaissance sociale que cette possession lui procure.

La migration saisonnière a eu peu d'incidence économique et sociale sur les structures traditionnelles à cause de la puissance du chef de famille "Kagumé" ou "Maodo" par lequel toutes les activités sociales (achat de vache, construction de maison)

---

1 Pollet (E), Winter (G), La société Soninké, Bruxelles, ed Institut de Sociologie, 1971, P 127.

transitaient. Néanmoins, le savoir-faire local s'érodait doucement et les activités économiques qui gravitaient autour du fleuve périclitaient du fait de l'importance accrue du chemin de fer.

La région du fleuve tant convoitée était délaissée. Ses habitants se voyaient ainsi contraints de partir chercher du travail vers des zones de prospérité souvent fictive comme les centres urbains ou les bassins arachidiers. Les hommes, candidats à la migration, ne pouvaient compter que sur le développement de certains métiers sur les bateaux ou dans les grandes villes africaines (Dakar, Saint Louis). Cette nouvelle situation engendra une hiérarchisation des zones d'immigration. Au fur et à mesure que les besoins de la population s'accroissaient, les villes devenaient des pôles d'attraction, mais elles ne parvenaient pas à résorber le nombre croissant[1] de migrants, presque toujours dépourvus de toute qualification. Dès lors, elles se transformaient en escales pour d'autres destinations comme le Zaïre et la France.

Il faut souligner que l'histoire de la migration, voire de l'exode rural, dans la région du fleuve Sénégal est aussi celle des moyens de transport en Afrique. En 1925, un administrateur français note que :

> *"beaucoup de Soninkés sont chauffeurs à bord des paquebots français du long cours, et d'autres sont mécaniciens aux chemins de fer du Maroc, du Sénégal, de la Guinée et de la Côte d'Ivoire"*[2].

---

1 En 1957, il y avait 31000 personnes originaires du fleuve Sénégal dans les grandes villes comme Dakar. Cf Diop (A.B), Les Migrations Toucouleurs dans la vallée du fleuve Sénégal, Présence africaine, 1965.
2 Saint Père, Jules-Hubert, Les Sarakollés du Guidimakha, Paris, Larousse, 1925, P 52.

2. L'ÉMIGRATION ET SES EFFETS

Parmi les facteurs à l'origine des migrations intérieures, nous avons évoqué la pression démographique et les effets de la colonisation (corvée, impôts).

Rappelons que ni l'évolution de la politique coloniale dans la vallée, ni l'accession à l'indépendance du Sénégal et de la Mauritanie n'ont pu enrayer les principales causes de l'émigration : les pesanteurs économiques et sociales que subissent les communautés rurales de la vallée.

Les causes de la migration

L'extraversion de l'économie de la vallée basée sur la traite, la spécialisation ethnique dans la production (Soninkés, et Halpularen: mil, Maures : gomme, sel) fragilisent les sociétés rurales qui deviennent tributaires d'un système qu'elles ne maîtrisent pas. Même si le troc prédomine dans les échanges commerciaux inter-ethniques, les habitants du fleuve sont progressivement introduits aux rapports marchands avec l'utilisation de la monnaie comme moyen obligatoire de paiement de l'impôt. A la fin du XIXème siècle, la crise de l'économie de traite, due au déclin du commerce de la gomme concurrencée par la production soudano-égyptienne, déplace les centres d'intérêts. Les habitants du fleuve n'ayant rien d'autre "à vendre qui intéressât les maisons de commerce" en furent réduits à " exporter leurs propres enfants"[1].

Dans l'amorce du mouvement migratoire, il faut souligner le rôle des "laptots", manœuvres africains employés sur les bateaux de la marine marchande. Ce sont les pionniers de l'immigration soninké et halpularen. Ils s'installent dans les ports comme Marseille où ils servent de relais pour les nouveaux arrivants.

Petit à petit, à Dakar et dans les villages de la vallée se mettent en place des réseaux qui profitent beaucoup aux intermédiaires connus sous le nom de "Mélanga" dont le rôle consiste à s'occuper de l'intendance : achat de billets,

---

1   Bradly (P), Raynant (C), Torrealba (J), op.cit., P 47.

établissement de pièces d'identité pour le candidat à l'émigration, etc.

La migration vers la France a connu son développement maximum dans la décennie 1963-73; la fin de la deuxième guerre mondiale permit néanmoins de poser quelques jalons.

La croissance économique de la France et la guerre d'Algérie, qui a suscité une certaine méfiance vis à vis de la main d'œuvre maghrébine, ont contribué à accélérer l'émigration des Négro-Africains vers l'ancienne métropole. Les relations privilégiées entre la France et les anciens pays colonisés permettaient à un Sénégalais, ou à un Mauritanien de se rendre facilement en France où une main d'œuvre bon marché faisait défaut.

Si la politique coloniale française fut à l'origine des migrations saisonnières, il serait excessif d'y chercher l'explication des déboires actuels du monde rural, alors que cela fait plus de trente ans que les états de l'O.M.V.S. sont politiquement indépendants.

La Mauritanie, à l'instar de nombreux pays africains, comptait sur les matières premières (fer, cuivre) pour son développement, abandonnant le secteur rural. Ce constat ne signifie pas nécessairement qu'une politique agricole, accompagnée d'une politique de l'éducation adéquate mise en application dès les indépendances, aurait permis d'enrayer l'émigration dans la région du fleuve, mais elle aurait atténué la dépendance du village vis-à-vis de l'émigration et permis ainsi de s'attaquer aux éléments de légitimation des migrations.

L'absence de scolarisation adaptée en milieu rural pendant plus d'une décennie a conduit à une dévalorisation de l'école qui n'est pas parvenue à remédier à l'une des causes manifestes de l'émigration, le sous-emploi rural. Contrairement à ce qu'affirme René Dumont[1], qui explique l'exode rural des jeunes par leur scolarisation, nous pensons que l'attitude des jeunes s'explique surtout par le fait que l'agriculture étant socialement dévalorisée ils ne la considèrent plus comme une voie pour réussir. Notre enquête montre d'ailleurs que seuls 16,40 % des immigrés ont été à l'école primaire.

Cette démission des responsables des hiérarchies traditionnelles par rapport au travail de la terre est la

---

1 Dumont (R), L'Afrique Noire est mal partie, Paris, Seuil, 1964, P 79.

conséquence d'une stratégie sociale qui a fait de l'émigration l'unique moyen susceptible d'apporter à la famille et à l'individu des satisfactions matérielles et morales. Cette nouvelle attitude s'explique en partie par le déficit pluviométrique chronique de ces dernières années dans ces régions.

La décision économique de la France d'ouvrir ses frontières à la main d'œuvre africaine, au début des années soixante, a eu pour effet immédiat la prise sous tutelle de l'émigration par les aînés qui définissaient les grandes lignes de la trajectoire du nouvel immigré. Grâce à l'importance du flux monétaire[1], l'émigration s'institutionnalise dans la région du fleuve, dans une ignorance totale des autorités mauritaniennes et d'une grande partie de l'opinion française.

Une migration au service du village

Les migrations en provenance des régions sahéliennes sortent de l'anonymat à partir des années 70. La sécheresse qui ravage la région du fleuve et les conditions de vie dans lesquelles se trouvent les immigrés en France commencent à susciter une vive émotion dans certains milieux. De nombreux observateurs sont frappés par la solidarité des migrants avec leur village d'origine et leur organisation sociale dans les foyers où ils résident en grand nombre. Il faut noter que les grandes crises alimentaires (1967, 1970, 74, 78) qu'a vécues la région du fleuve ont augmenté la crédibilité des immigrés. Ces derniers se sont mobilisés pour lutter contre la famine en envoyant des vivres à leurs familles et à celles qui ne disposaient pas de travailleurs résidant à l'étranger capables de les aider. Quant à l'efficacité de leur action, un rapport de l'Organisation de la mise en valeur du fleuve Sénégal constate :

> " *sur l'ensemble de la vallée, il existait un grand nombre de villages où, en 1978,*

---

1 L'afflux de l'argent dans les zones d'émigration est un phénomène socio-économique d'une grande importance ; en 1972, le total des transferts s'élevait à 29 millions de francs. Cf Bradly (C), Torrealba (J), Le Guidimakha mauritanien, London, 1977.

> *aucune récolte n'avait été faite depuis près de vingt mois, on se trouvait donc devant une situation objective de famine dont les conséquence seraient dramatiques si les revenus des immigrés ne venaient combler ce déficit céréalier. Ce sont donc essentiellement les revenus des migrations qui ont sauvé de la faim les populations de la vallée"*[(1)].

Cette action de solidarité des immigrés, qui mettent l'accent sur la territorialité au détriment du lignage, s'avère fondamentale dans les relations immigrés-villages au moment où la chefferie traditionnelle, démunie face aux problèmes économiques de sa communauté, est affaiblie. Mais il est prématuré de conclure, à partir de ce constat, à une quelconque indépendance de la migration soninké ou halpularen vis-à-vis des structures traditionnelles.

La migration a toujours été contrôlée par ces groupes ethniques qui sont arrivés à l'intégrer dans leurs modes de vie, ce qui leur a permis de juguler au maximum les germes de déstructuration des rapports sociaux traditionnels que recèle toute forme d'émigration en milieu urbain. Cela a été possible en partie grâce à la prééminence de la communauté sur l'individu et à son corollaire l'idéologie ostentatoire qui renforce le contrôle social chez les catégories sociales dominantes.

Les Soninkés et les Halpularen ont réussi à faire de la migration un phénomène normal qui marque, comme la circoncision ou le mariage, le franchissement d'une étape de l'existence. A notre avis, "ce rite de passage" ne peut aucunement occulter les causes structurelles qui sont à l'origine des migrations de ces groupes ethniques, il a pour fonction de servir de mémoire permanente qui sert d'émulation au sein du groupe des migrants d'un même village. Cette compétition, déniée, rappelle à l'immigré son devoir de sacrifice pour épargner le plus d'argent possible. De retour au village, il sera

---

1 Rapport de O.M.V..S. (Organisation qui regroupe le Mali, la Mauritanie, le Sénégal), Dakar, 1980.

accueilli avec tous les honneurs dûs à celui qui a résisté aux tentations de la société occidentale.

Lorsqu'il arrive qu'au bout de quelques années de séjour en France un travailleur immigré ne se décide pas à retourner au village, les membres de sa famille essaient de le contraindre. Les arguments utilisés pour expliquer à l'immigré sa non réussite relèvent du domaine magico-religieux, surtout s'il s'agit d'un premier séjour en France. On évoque, ça et là, le mauvais choix du jour du voyage, soumis pourtant à la vigilance du féticheur ou du marabout, les mauvais génies qui habitent la promise, etc. Tout ce discours est soutenu par une forte contribution financière des membres du lignage pour permettre à l'immigré de se préparer à regagner "décemment" son village. Ainsi, pendant des années, la migration a plutôt consolidé le système social traditionnel en s'inscrivant dans sa logique. Cela est manifeste à travers les migrations internes et les premières émigrations en France où dans les foyers, les immigrés reproduisaient les rapports sociaux traditionnels par l'application du principe de seniorité et le respect du rang statutaire.

La révolte

Dans la distribution des rôles pour la gestion de la vie communautaire dans les foyers, les descendants "des groupes traditionnellement dominés" et les jeunes furent affectés aux tâches ménagères (cuisine, vaisselle, etc.).

En 1974, se produisit en France la première contestation d'une décision prise par les notables de l'ordre ancien d'un village mauritanien. Les jeunes "descendants des groupes anciennement dominés" réclamèrent que le principe de seniorité soit appliqué dans son intégralité. Le fait que les responsables de cette communauté aient accepté de céder sur ce point peut paraître actuellement anodin, mais à l'époque cela a été perçu au village comme une révolte. Les sanctions contre les représentants de la catégorie sociale contestataire les obligèrent à se désolidariser publiquement au village de l'action des jeunes.

La fin des années 1970 marque le déclenchement d'un processus lent de transformation des relations sociales entre immigrés en France. On peut expliquer cette fronde par la présence importante de jeunes alphabétisés (28 % des castes contre 47,5 % des nobles de notre échantillon) qui côtoient les organisations politiques et syndicales africaines ou françaises. Il y a d'autre part les conditions de travail ; l'immigré, quelle que soit son origine sociale, reçoit les ordres du contremaître, subit le même traitement à l'usine. Cela a contribué à renforcer la solidarité au sein de certains jeunes qui n'hésitent pas, dans le cadre de l'association villageoise, à mettre l'accent sur des pratiques qui peuvent nuire à la cohésion des migrants.

Les incidences de la migration sur la société sont multiples et complexes. Il serait difficile d'en dresser une liste exhaustive, mais il est nécessaire de s'appesantir sur certaines évolutions importantes qui sont des effets de l'immigration.

Dans un travail de recherche[1] effectué sur les conséquences de l'émigration dans deux villages du Guidimakha et Gorgol, nous avons formulé deux hypothèses. D'une part, nous avons postulé que l'émigration accentuait le processus de "dépaysannisation". Pour mettre à l'épreuve cette hypothèse, nous avons choisi comme indicateurs la désaffection des immigrés à l'égard du travail de la terre et l'aspiration à un emploi salarié. A la question "resteriez-vous pour travailler la terre si toutes les conditions étaient remplies ?" (production suffisante, circuit de commercialisation), 77,5 % des individus ont répondu négativement. Parmi ceux qui ont répondu favorablement 60 % ont plus de 40 ans. Cinq ans plus tard, dans une nouvelle enquête, nous constatons que 40 % des immigrés étaient prêts à s'installer dans leurs villages pour réaliser des projets agricoles. Ce changement d'attitude s'explique par la menace du chômage en France et le travail d'information mené par les associations villageoises auprès de certains immigrés pour leur faire comprendre la nécessité d'envisager d'autres perspectives en étudiant les propositions de formation du Groupe de Recherche et de Réalisations pour le Développement Rural dans le Tiers-Monde (GRDR). La réalisation de projets de périmètres irrigués commence à devenir socialement gratifiante au village, car elle est perçue comme une activité différente de l'agriculture traditionnelle. Malgré cette évolution dans la perception de l'agriculture, il n'en demeure pas moins que 49 %

---

1   Yatèra (S), Mémoire de maîtrise de sociologie, Nice, 1985.

des immigrés souhaiteraient un travail différent de la mise en valeur des terres. Cela traduit la persistance d'un scepticisme des immigrés qui ne pensent pas que ce type d'activité puisse générer des revenus monétaires dans la région du fleuve. Au delà des intérêts objectifs des personnes concernées, une chose reste très importante pour l'immigré, c'est la reconnaissance sociale de son action par la communauté à laquelle il s'identifie. Les responsables des associations d'immigrés en sont conscients; c'est pourquoi ils utilisent maintenant un discours de revalorisation sociale de la terre auprès des jeunes, des femmes et des anciens, en mettant l'accent sur les difficultés de la vie en France.

Quant à notre deuxième hypothèse, elle concerne la dépendance de plus en plus accrue de la communauté rurale par rapport aux immigrés. Nous avons utilisé comme indicateurs, pour la contrôler, le degré de monétarisation du village et son niveau alimentaire. Une enquête menée par le RAMS[1] donne le degré de monétarisation de l'économie dans chaque région. Le Gorgol et le Guidimakha sont des régions à vocation essentiellement agricole. A part les emplois dans l'administration publique, on n'y trouve pas d'autres activités rémunératrices. Ces régions connaissent pourtant une forte monétarisation.

Régions	Opérations monétaires	Non monétaires	Auto-consommation
GORGOL	91 %	3 %	6 %
GUIDIMAKHA	92 %	4 %	4 %

Ces deux régions qui totalisent plus de la moitié des terres cultivables en RIM ne produisent que 10 % de leur consommation. Ces résultats traduisent certes les faiblesses structurelles du secteur rural en Mauritanie mais elles montrent aussi que l'agriculture est en train de devenir une activité d'appoint dans les zones de fortes émigrations. Pour remédier à cette situation, les pouvoirs publics et les organismes de développement internationaux ne doivent pas seulement

---

1 Mission d'étude et de développement du secteur rural et des ressources humaines, Nouakchott, Juin 1982, P 80.

élaborer des projets qui engloutissent des sommes considérables, il faut désormais collaborer avec les institutions locales pour recrédibiliser socialement et économiquement les activités liées au secteur rural.

L'observation directe des sociétés rurales montre que les valeurs se métamorphosent progressivement et qu'en particulier le prestige devient de plus en plus lié à l'épargne. A ce sujet, il y a une anecdote que l'on se raconte avec un humour amer en ville, dans certains milieux dits "nobles" : il paraît que lorsqu'un individu se présente pour demander sa main à une fille, la première question qu'on lui pose porte sur la nature de son travail, et non plus sur ce qui paraît fondamental dans ces sociétés, à savoir le statut social traditionnel. Si l'argent oriente dorénavant tous les mouvements de service et d'échange, son efficacité dans certains domaines dépend encore du statut social du détenteur. C'est pourquoi le principe de l'endogamie reste l'un des fondements les plus solides dans la régulation des relations sociales ;en milieu rural.

Ainsi, nous constatons la coexistence de deux types de sociabilité dont l'un , moderne, concurrence avec succès l'autre, traditionnel, notamment dans les rapports hommes-femmes et dominants-dominés. Il existe un système de classes à deux niveaux : d'une part, le système ancien, fondé sur une hiérarchie définissant de façon rigide les comportements sociaux et légitimes ; d'autre part, le système engendré par l'économie de marché reposant sur la disparité des revenus, et tendant à devenir prédominant.

L'émigration a provoqué des transformations économiques et sociales qui ont affecté les structures de la communauté rurale, ce qui s'est traduit par l'émergence d'un nouveau paysage social : responsabilisation croissante des femmes dans la famille et dans le village, utilisation pour l'agriculture d'une main d'œuvre extracommunautaire.

La division sexuelle du travail réduit la sphère d'activité de la femme aux tâches domestiques. Les résultats d'une enquête menée par l'O.M.V.S. en 1980 confirment le fait que l'agriculture[1] est un domaine réservé aux hommes.

---

1 Rappelons que les femmes soninké ont leur champ dont la production n'est pas intégrée à celle du champ qui fait vivre la famille.

Dix ans plus tard, le départ massif des hommes à l'étranger à saigné l'exploitation familiale; de sa force vive (72 % des immigrés de notre échantillon ont moins de 45 ans). Les chefs de famille ont été obligés de se rabattre sur une main d'œuvre de substitution : les Haratines et Malinkés. Au début, le principe appliqué était le même que celui du navetanat ; il s'agissait de céder un lopin de terre aux Haratines et aux Malinkés, de les nourrir en échange de trois jours de travail par semaine pour la famille.

Cette nouvelle situation accroît le rôle des femmes dans la production des céréales et des légumes avec le développement du maraîchage, renforçant ainsi leur position économique longtemps déniée idéologiquement par un système patriarcal qui fait de la production une préoccupation essentiellement masculine. Elle relativise aussi l'autorité du Kagumé (chef de famille) qui ne détient plus le monopole des cultures ; vivrières de plus en plus déficitaires depuis le départ des jeunes à l'étranger. Mais l'importance du rôle de la femme se manifeste surtout lors du mariage des filles, la quantité impressionnante de biens qui circulent démontrant alors clairement la capacité d'épargne de leurs mères.

Désormais, les femmes peuvent cultiver des terres dont l'utilisation leur était autrefois interdite. La participation des femmes de la région du Guidimakha au travail de la terre est traditionnellement limitée. Le chef de famille concédait une parcelle de terre que la femme ne se devait de travailler qu'une partie de la semaine avec l'aide de ses filles célibataires. Les produits récoltés essentiellement (riz, arachides) appartenaient exclusivement à la femme qui pouvait les vendre si elle le désirait.

Le travail agricole féminin était secondaire à cause de la lourdeur des tâches domestiques quotidiennes que la femme devait accomplir. Elle était chargée de préparer les repas des hommes qui cultivaient le champ collectif pilier de la production lignagière et du pouvoir du Kagumé (chef de famille). Un deuxième facteur contribuait à minimiser le travail agricole féminin : c'était le principe individualiste sur lequel il se fondait. Ainsi, il n'existait pas de champ collectif pour les femmes, chacune devait personnellement s'occuper de son lopin de terre, qui devait lui permettre de se procurer les condiments nécessaires à son tour de cuisine.

La féminisation de l'agriculture et le développement du salariat agricole apportent quelques modifications dans les rapports de production au sein de la communauté villageoise. L'argent envoyé par les immigrés a permis l'introduction du travail journalier. Les Haratines et les Malinkés exigent d'être rémunérés en argent. En 1984 une journée de travail coûtait quinze francs. Ainsi, pour la première fois dans l'histoire de ces sociétés, leur principale activité (l'agriculture) dépend en partie d'une main d'œuvre étrangère au village et à leur groupe ethnique. Ceci montre que, contrairement au navétanat, l'émigration a concerné massivement toutes les catégories sociales. Notre enquête montre que 48,51 % des catégories traditionnellement dominantes et 51,49 % des autres groupes sont concernés par le phénomène. De ce fait, les castes traditionnellement défavorisées disposent de moyens financiers pouvant leur assurer une relative autonomie socio-économique au village.

Les revenus provenant de l'immigration servaient d'abord à consolider la famille, structure collective de sécurité pour l'immigré qui laissait, pendant ses longues années d'absence, sa femme et ses enfants sous la tutelle du Kagumé (chef de concession). Ce dernier continue encore théoriquement à jouer son rôle de régulateur interfamilial, alors que les bases démographiques et sociales qui conditionnent son action s'effritent. Auparavant, la présence de l'épouse en France dépendait essentiellement de l'autorisation du chef de famille. Désormais, la décision de faire venir sa conjointe relève uniquement de l'autorité de l'époux, dont la seule obligation consiste par courtoisie à avertir rapidement le chef de concession avant les autres membres de la famille.

Cette évolution dans les rapports familiaux affecte les mécanismes traditionnels de la distribution des richesses et de l'entraide, créant ainsi les conditions d'une dislocation de la famille élargie. Elle annonce aussi la fin de l'immigration temporaire et une certaine autonomie des ménages qui reste déniée par le discours dominant, mais dont la ventilation de l'argent envoyé par les immigrés atteste la réalité.

Nous avons voulu savoir à qui les mandats étaient destinés régulièrement. Le montant réel est difficile à connaître même si les immigrés que nous avons interrogés nous affirment consacrer 30 % de leur salaire pour les dépenses au village. Il faut pondérer ce pourcentage, car certains ont tendance à exagérer les sommes envoyées à la famille.

Destination et ventilation des envois

Destinataire	Nbre de réponses	%
Chef de concession	87	52,75
Épouses	75	45,75
Autres	20	12,12

Les revenus migratoires ont élevé le niveau de vie de certaines femmes, ce qui a permis à quelques unes d'entre elles d'investir le secteur informel et de développer le petit commerce. Cela a aussi accentué la présence féminine dans l'organisation de la vie au village ; ainsi, nous assistons, sous l'impulsion de quelques femmes, à la création d'associations qui s'occupent de cultures maraîchères, des cases de santé etc.

Si l'émigration a accéléré l'évolution des modes d'organisation au village, elle a aussi introduit une différenciation économique au sein de la famille élargie. En conséquence, dans la même concession, on remarque des différences de niveau de vie, ce qui produit des dissensions et conduit certaines femmes à pousser rapidement leurs fils à s'expatrier.

L'émigration a favorisé l'urbanisation des comportements par la diffusion de nouveaux modèles de consommation. Cependant,

l'impact déstructurant de certains changements; est atténué par une régénération du modèle traditionnel à travers les solidarités manifestées lors des décès et des naissances. C'est souvent l'occasion choisie par les anciens pour rappeler qu'un individu ne peut socialement exister qu'en liaison avec les autres membres de la communauté. Ces séances sont agrémentées de récits fustigeant l'individualisme, et la réussite s'y trouve souvent étroitement associée aux activités ou aux réalisations qui renforcent l'identité collective. Les moments choisis pour "ces prêches" sont très opportuns : la naissance, c'est la vie avec tous les espoirs permis, mais c'est aussi l'incertitude pour une société en difficulté. Par le discours, les anciens essaient de retarder au maximum cette échéance, c'est-à-dire le moment fatidique où le "Moi" triomphera du "Nous". Quant au thème de la mort, il rappelle l'insignifiance de l'individu en soi, qui ne peut se perpétuer que grâce à son lignage. C'est pourquoi les alliances matrimoniales ont pendant longtemps servi à consolider la communauté. Mais les immigrés, en faisant venir leurs épouses en France (20 % actuellement de notre échantillon), ne risquent-ils pas de se détourner progressivement de leur communauté d'origine ?

3. VIE EN FRANCE ET REPRÉSENTATION DES IMMIGRÉS

La problématique, liée au séjour des étrangers en France, revient cycliquement au devant de l'actualité, à cause des fantasmes et des angoisses qu'elle engendre dans le pays d'accueil, pendant les phases de grande récession. Rappelons que la corrélation entre crise économique et recrudescence de la xénophobie a été soulignée par de nombreux observateurs[1]. Toutefois, cette évidence ne doit pas occulter le problème posé par les limites des cadres institutionnels de socialisation, notamment dans les périodes caractérisées par une forte revendication identitaire. Il ne faut pas perdre de vue que "la déculturation" et la perte "des racines" de jeunes d'origine africaine majorent les risques de la désinsertion sociale (délinquances, névroses), sans toutefois les créer, car les causes "objectives"(échecs scolaires, chômage, "ghettos" des banlieues) restent déterminantes.

En termes d'effectifs, l'immigration négro-africaine, estimée à 235 372, est peu importante. En 1990, L'INSEE estime la population des africains originaires (du Mali, de la Mauritanie et du Sénégal) à 88 017. On constate d'après ces statistiques, une

---

1 Cf Dollard (J), Doob (L) et al, Frustration and agression, New Haven, Yale University Press, 1939, et Duhamel (A), Les peurs françaises, Flammarion, Paris, 1993.

augmentation de 40% des ressortissants de ces trois pays entre 1982 et 1990. L'autre fait marquant de cette enquête, c'est l'importance de la tranche d'âge d'enfants de 0-14 ans, qui représente 30% des personnes originaires de ces trois pays. Malgré une progression sensible de l'immigration africaine, elle reste dérisoire, comparée au total du nombre d'étrangers en France. Il n'empêche qu'elle est devenue, ces dernières années, l'objet d'une attention particulière de la part des politiques et de certaines institutions. Précisons que la pression démographique des pays du Sud et les questions liées à l'occupation de l'espace résidentiel en France font de la migration un enjeu national, voire international.

La fin de la migration tournante[1]

De nouvelles difficultés économiques dans le pays d'accueil et l'aggravation de la crise dans la société rurale ont provoqué des repositionnements dans la stratégie et la gestion de la migration. En 1974, des mesures administratives et politiques ont été prises par les autorités françaises pour freiner l'immigration. Cette décision a entraîné l'arrêt de la migration tournante instituée par les Soninkés et les Halpularen. Elle n'a pas empêché ces derniers, qui disposaient de relais et de réseaux, de continuer à venir en France.

Nous constatons, à travers notre enquête, que plus les immigrés avancent en âge, plus ils ont tendance à faire venir leurs épouses. Il y a certes les raisons morales et religieuses que certains migrants invoquent pour expliquer leur attitude. Mais ce comportement indique surtout qu'ils s'inscrivent dans la durée. Il est aussi la conséquence d'une prise de conscience d'un certain nombre de droits liés au travail en France.

Une présentation attractive de la vie en France

Les immigrés vivent dans un contexte culturel et économique qui influe sur les représentations qu'ils se font d'eux-mêmes et

---

1 La migration tournante ou noria est un système qui permettait à un cadet de remplacer un aîné lorsque ce dernier devait rentrer définitivement. Ce système n'a jamais été appliqué à la lettre, il dépendait des situations objectives des familles.

du rôle qu'ils doivent jouer dans leur village d'origine. Pendant très longtemps, ils ont présenté de façon fort séduisante leur mode de vie en France; ils taisaient leurs difficultés ou les tournaient en dérision lorsqu'ils les racontaient. Ainsi, ils ont contribué en Afrique au renforcement du mythe d'un nouvel havre de richesse, créé par une politique d'immigration, à l'époque, relativement attractive de la France.

Fascinés par le discours de leurs aînés et désireux de se soustraire rapidement à l'autorité directe du "Kagumé" Chef de famille, les cadets attendaient leur tour pour prendre le chemin de l'ancienne métropole.

Pressés de toute part, les migrants se sentaient obligés de continuer à faire venir un frère, cousin ou ami, tout en sachant qu'il était devenu difficile à un immigré de trouver du travail.

Les immigrés responsables d'association, avec lesquels nous avons eu des entretiens sur ce paradoxe, nous affirment que c'est l'absence de perspectives viables dans les pays d'origine et l'image attrayante des pays industrialisés qui expliquent cet entêtement des jeunes à vouloir émigrer. De ce fait, tout refus de faire venir un proche risque d'être interprété comme un signe d'égoïsme.

Mais indépendamment de la pression sociale, l'immigration d'un frère renforce la position des aînés qui gèrent l'argent destiné à la famille. La présence des cadets en France allège la contribution individuelle pour les envois au village, favorisant ainsi une plus grande épargne. Elle permet aussi à l'immigré de s'acquitter d'une dette sociale envers sa communauté, car comme nous le faisait remarquer l'un de nos interlocuteurs :

> *"chacun est venu en France grâce à l'aide de quelqu'un de son village et, cela, un immigré ne peut pas l'oublier"*[1].

---

1 Entretient réalisé au foyer Stanislas Girardin à Rouen en Février 1990.

Une main d'œuvre vulnérable

L'immigration sahélienne reste assez vulnérable aux politiques de compression. Cela est dû, entre autres, aux caractéristiques de la main-d'œuvre africaine, qui est en moyenne d'un faible niveau scolaire, et généralement dépourvue de toute qualification. Les immigrés sont conscients de la précarité dans laquelle ils se trouvent. Certains, plus prévoyants, s'orientent vers des centres de perfectionnement ou cherchent à réaliser de petits projets économiques individuels, tandis que d'autres se réfugient dans une sorte de fatalisme.

Nous avons organisé des discussions avec quelques ressortissants d'un village[1] dont 15% sont au chômage. Il en ressort qu'étant donné les opportunités d'emploi qu'offre la France, un échec implique, dans l'esprit de nombre d'entre eux, l'impossibilité de réussir ailleurs. Dans bien des cas, la prolongation du séjour en France s'explique, entre autres, moins par l'espoir d'une réussite professionnelle que par la crainte du jugement d'autrui.

> *"Je ne sais pas si j'aurais du travail nous explique un immigré, mais vous n'imaginez pas que je vais rentrer bredouille au village, qu'est-ce que je vais leur raconter"?*
> *"Nous avons toujours eu la bénédiction de la famille" surenchérit un autre.*[2]

Il nous semble important de rappeler que, dans l'idéologie et l'imaginaire des Soninké et Halpularen, le respect de ses devoirs envers la famille conditionne la réussite individuelle, même s'il ne la détermine pas.

A travers les propos de ces migrants, nous constatons que la référence reste toujours le lignage et la communauté villageoise, vécus comme un espace d'entraide mais aussi de concurrence. Les mots utilisés par notre interlocuteur témoignent clairement du souci de se soustraire au regard critique de l'autre, c'est-à-dire

---

1 Nous avons réussi à calculer le nombre de chômeurs de ce village en nous appuyant sur le cahier du trésorier de l'association. Il est prévu dans les statuts de cette association que seuls les individus ayant un travail fixe sont obligés de cotiser.
2 Entretien réalisé au foyer de Monteuil en Mars 1990.

du voisin ou de la famille au sens large du terme. Les diverses institutions; auxquelles se réfère sa communauté font que l'immigré est convaincu qu'il ne peut s'épanouir et réussir

> *"qu'au sein d'un ensemble qui l'enrichit et qu'il doit enrichir aussi. Hors de cette idée, hors de cette logique, il n'est pas d'homme".* [1]

Le foyer : lieu de reproduction et de contestation

L'émigré nouvellement arrivé emprunte un réseau qui le conduit auprès des siens, où on l'initie à sa vie en France. Il adhère rapidement à toutes les institutions villageoises ("caisses", associations).

Le foyer est un endroit favorable à la reproduction du pouvoir des aînés et des notables. Cela se manifeste dans l'affectation des tâches, comme dans la distribution de la parole entre les différentes catégories sociales de la communauté. En général, pendant les réunions du "village" en France, certains groupes sont plus habilités que d'autres à prendre les décisions qui doivent être appliquées par l'ensemble des ressortissants du village. Pendant longtemps, l'un des instruments les plus efficaces pour légitimer le statut des anciens et des notables fut la réactivation de certaines règles "traditionnelles" de la société rurale.

L'attitude des immigrés est un compromis entre leur propre désir et les obligations des institutions traditionnelles. Cela est dû à la conjonction de deux facteurs. Il y a d'une part la coercition du pouvoir hiérarchique villageois qui incite à avoir des comportements conformistes et d'autre part, les contacts avec les organisations françaises qui ont nécessairement des répercussions sur la gestion et l'action des migrants. Cette contradiction a permis l'émergence d'une force organisée : le comité des résidents, qui lutte pour la reconnaissance des droits

---

[1] Kouyaté (S.B), *Les dirigeants africains face à leurs peuples*, Paris, Maspéro, 1964.

des immigrés dans les foyers. Elle a aussi favorisé la transformation des caisses villageoises[1] en association loi 1901.

On peut nous rétorquer que pour bénéficier de l'appui des ONG, les immigrés devaient déclarer leur association à la préfecture, et que cette existence officielle n'a rien changé aux pratiques traditionnelles de gestion des hommes. Il apparaît cependant que ce mimétisme organisationnel implique des ajustements entre les pratiques anciennes et les impératifs d'une association moderne, pour éviter un dysfonctionnement. C'est pourquoi des faits aussi anodins que la déclaration officielle d'une association peut être un indice de transformation sociale au sein des immigrés.

Au début des années 60, les autorités françaises, pour régler le problème du logement des travailleurs immigrés, optent pour une formule "hôtelière" collective : les foyers. Ceux-ci présentaient un double avantage. Ils réglaient temporairement un problème humain, après les indignations suscitées par les pratiques des marchands de sommeil qui logeaient dans des conditions dégradantes les immigrés africains. De plus, le logement en foyer permettait un contrôle et un regroupement d'une main-d'oeuvre essentiellement masculine.

Pendant la période 1960-1969[2] on dénombrait 59 foyers dans la région Ile de France. En 1984, on en comptait 240, soit 4 fois plus. Cette progression témoigne de l'accroissement de la population immigrée, mais elle dénote aussi une volonté de maintenir le caractère temporaire de l'immigration sahélienne en confinant les immigrés dans des habitats collectifs et en multipliant les obstacles pour les regroupements familiaux. L'accès à un logement social dans la région Ile de France étant extrêmement difficile pour un africain, le foyer est devenu le domicile permanent des migrants originaires de la vallée du fleuve Sénégal. Cette situation renforcée par un taux de chômage élevé chez les immigrés pose le problème de la surcoupait des foyers.

---

1 Si chez les Halpularen, l'association 1901 s'est substituée à la caisse, il arrive souvent chez les Soninkés que ces deux structures cohabitent.
2 Cahier sur la population étrangère en Ile de France, Division urbaine et logement, Septembre 1984.

Un espace de sociabilité

De l'espace d'isolement[1], aux effets déstructurants liés à l'absence de vie familiale et au dépaysement culturel que constituait initialement le foyer, les Soninkés et les Halpularen ont fait un espace de sociabilité, d'où le surnom de "village bis".

Lieu de concentration, d'échange culturel et de régulation, le foyer s'est révélé aussi comme un endroit de contestation intense du pouvoir des gérants, dont la plupart n'avait aucun respect pour les immigrés.

Pour mener des actions de protestation, chaque "village" réunissait ses ressortissants pour désigner son délégué. La décision de participer aux rétentions de loyers ne devait en aucun cas être individuelle ; c'est au "village" qu'il revenait de faire grève. L'un des atouts dont dispose l'immigration sahélienne est sans doute la prise en charge collective des difficultés que rencontre l'immigré; mais cet avantage risque d'être un handicap dans la mesure où l'emprise de certains notables sur le groupe inhibe tout esprit d'initiative qui s'oppose à la logique dominante.

L'origine sociale traditionnelle n'est pas d'emblée déterminante dans le choix des dirigeants des comités de résidents. Ainsi, il arrive que, grâce à leurs compétences et disponibilités, des immigrés issus d'autres groupes sociaux traditionnellement dominés soient reconnus comme leaders des comités de résidents de foyer. Cependant, malgré la notoriété et la responsabilité liées à leurs fonctions, cela leur donne très rarement une nouvelle légitimité qui les impose comme leader incontesté d'une association villageoise.

Dans les foyers, cohabitent des Soninkés, des Halpularen et des Mandjaques. Il y a des luttes d'influence entre ces différentes communautés[2] qui cherchent à contrôler le maximum de lits pour les ressortissants de leurs villages. Malgré ces rivalités, les immigrés ont réussi à s'organiser grâce au travail de sensibilisation des organisations françaises de gauche

---

1 Quiminal (C), Gens d'ici, Gens d'ailleurs, Paris, Bourgois, 1991, 214 P.
2 A la fin des années 70, il y a eu une grève contre le gérant du foyer Moïse à Rouen. Cette grève a été interprétée comme dirigée contre le village du gérant qui a cherché à transformer cette action en une grève fomentée par des Soninké et des Mandjaques contre des Halpularen.

et de l'Union Générale des Travailleurs Sénégalais en France (U.G.T.S.F.).

L'U.G.T.S.F. regroupait, entre 1961 et 1963, des Sénégalais, des Mauritaniens et des Maliens. Mais le micro nationalisme et la volonté des Etats-nations africains de structurer leurs ressortissants conduisirent les Maliens et les Mauritaniens à quitter cette fédération pour créer chacun la leur. Ces organisations investissent les foyers pour expliquer aux travailleurs la nécessité de se regrouper dans un cadre autre que celui du village.

Instruments de lutte, les comités de résidents s'avèrent être un moyen d'encadrement efficace et ouvert tant que ceux qui l'animent ne prônent pas une stratégie de rupture avec le pouvoir hiérarchique villageois. Cette efficacité est due essentiellement à un discours militant dirigé vers l'extérieur qui s'appuie sur un mode d'organisation traditionnel pour faire appliquer strictement les mots d'ordre. Par conséquent, la marge des comités de résidents est limitée par la nature de leurs rapports avec les hiérarchies villageoises.

Lorsque, sous l'impulsion de quelques organisations, certains militants adoptent une stratégie de rupture avec les structures villageoises, les obstacles se multiplient, la mobilisation des résidents devient difficile et certains se divisent sur la base de l'origine sociale traditionnelles[1]. Toutefois, la logique de confrontation a favorisé un progrès dans les mentalités et dans la vie quotidienne des travailleurs. En revanche, elle a échoué dans son opération implicite de délégitimation des hiérarchies sociales villageoises, dont la référence restrictive continue de lier l'individu à sa communauté grâce à tout un réseau de loyauté incluant les caisses villageoises.

Les limites des organisations militantes se trouvent aussi dans leur suggestion pour la remise en cause d'un ordre social dont les fondements reposent sur la descendance, l'âge et le sexe. Les difficultés étaient prévisibles pour tous ceux qui n'avaient pas sous-estimé l'emprise de certaines structures sociales traditionnelles sur les immigrés.

---

1 Nous avons l'exemple extrême du village de Dembankani où cela a conduit à la création de deux associations, l'une qui remet en cause l'hégémonie des nobles et l'autre qui essaie de conserver ses privilèges.

L'évolution des rapports sociaux chez les Soninkés et les Halpularen est irréversible dans la mesure où leurs fondements sont en train de changer. Nous n'occultons pas les effets que la circulation d'idées nouvelles a produits sur le comportement des immigrés. Toutefois, nous insistons sur le fait que la surdétermination des enjeux par l'appartenance villageoise et ethnique demeure encore prépondérante au détriment des considérations objectives.

Paradoxalement, la structuration qui renforce les liens villageois a été l'un des moteurs de la lutte dans les foyers, créant ainsi une solidarité de tous les résidents pour résoudre ensemble leurs problèmes. Cette identité d'habitation produit un espace d'homogénéisation sociale qui, une fois encore, est atténuée par le rappel des différences dans les communautés en évitant la confusion des rôles entre comité de résidents et caisses villageoises. Pour atténuer cette contradiction entre identité d'habitation et identité villageoise, une fois n'est pas coutume, on assiste à une sublimation des intérêts collectifs (village, famille) en intérêts individuels (aide, reconnaissance d'autrui) de la part des dignitaires. C'est à ce niveau que l'on saisit le mieux le phénomène des griots des temps modernes dans le processus de l'immigration.

Le griot, traditionnellement, joue un rôle important dans la reproduction du capital social. C'est grâce à lui que se font les investissements sociaux qui contribuent à la création de personnages célèbres, voire légendaires. A l'occasion des fêtes organisées dans les foyers, les dépenses de certains immigrés (1000 à 3000 FF) et le discours du crieur public nous sidèrent.

On nous dit que cela relève de la tradition africaine! Nous pensons que ce serait plutôt un dérivatif des pratiques ostentatoires qui traduit une forme d'anomie au sens où l'utilise Merton[1] ; le paraître et la place prépondérante de l'argent font que les règles légitimant les actes ne correspondent pas aux normes sociales qui sous-tendent la pratique du don. Le circuit dons → louanges → dons a été perverti sous l'action corrosive de la masse d'argent drainée par l'immigration, car comme l'écrit Bourdieu :

---

1 Merton (K), Eléments de théorie et de méthode sociale, Paris, traduction en français, 1957, P 67.

> *" L'échange d'honneur, comme tout échange (de dons, de paroles) se définit comme tel - par opposition à la violence unilatérale- c'est-à-dire comme impliquant la possibilité d'une suite, d'un retour, riposte, contre-don, répartie, en ce qu'il enferme la reconnaissance du partenaire "*[1].

Le changement de certaines pratiques dites traditionnelles constitue-t-il un indicateur des transformations sociales de ces communautés ?

Le fait qu'un immigré dépense une somme énorme dans une soirée animée par un griot qui ignore tout de lui et de son village, révèle aussi la nature nouvelle des relations sociales qui s'instaurent. Ainsi, comme le souligne Bourdieu :

"Dans le travail de reproduction des relations établies, le travail nécessaire pour dissimuler la fonction des échanges entre pour une part qui n'est pas moins importante que le travail exigé pour le remplissement de la fonction"[2].

Grâce à leurs revenus, certains immigrés sont parvenus à négocier leur position sociale[3] et à imposer des liens contractuels. C'est le cas dans le montage des affaires entre aînés et cadets où chacun cherche à tirer le maximum de profits personnels dans les investissements réalisés. L'autre indice est la généralisation des comptes d'épargne individuels, alors que jusque dans les années 70, les immigrés confiaient leurs économies à des tierces personnes se trouvant dans le pays d'origine, ou au chef de la famille en France.

Le foyer, espace d'exclusion et d'inégalité, est devenu un espace de sociabilité et le lieu de nouvelles aspirations. Il reste cependant régulé par un ordre traditionnel qui a certes été ébranlé, mais qui n'en fonctionne pas moins.

"Village bis" comme le surnomment certains, le foyer constitue une enclave productrice d'activités où se développe un

---

1 Bourdieu (P), Le Sens pratique, Paris, Minuit, 1980, P 170.
2 Bourdieu (P), Le Sens pratique, Paris, Minuit, 1980.
3 Nous avons surtout constaté ce phénomène dans les investissement liés au transport.

vaste réseau de solidarité qui dépasse le cadre villageois et ethnique.

La plupart des immigrés, dès leur retour au foyer, troquent leurs costumes contre des boubous traditionnels. C'est un vrai rituel auquel se livre l'immigré pour se purifier et faire ses prières. L'Islam des communautés sahéliennes reste strictement personnel. Il n'a aucun caractère revendicatif, même si on a remarqué, à partir des années 80, un regain d'activisme des tidjanes[1]. Leurs activités s'inscrivent dans la perspective du retour et sont essentiellement destinées à renforcer cette confrérie dans les pays d'origine. Il y a eu quelques manifestations ponctuelles pour l'obtention de salles de prières dans les foyers entre 1975-80.

Chacun doit aménager sa vie dans le foyer en tenant compte des codes sociaux qui dictent les obligations individuelles et collectives. Ainsi, nous retrouvons encore la coexistence de deux identités; l'une, plus agressive, renforce les liens familiaux et villageois; l'autre, celle de la communauté d'habitation génère une nouvelle structuration sociale. La première agit par coercition sociale, tandis que la seconde utilise la persuasion en s'appuyant sur des raisons sociales et économiques.

De nouvelles préoccupations liées au regroupement familial
Cette dualité s'exprime aussi à travers la perception que les migrants ont de leur séjour en France. D'emblée, les mauritaniens que nous avons interrogés sur leur retour définitif au pays ont répondu positivement. Mais seuls 15% ont été capables de nous dire exactement dans combien de temps : 5% affirment que ce sera après la retraite et 10% dans le cadre d'un projet de "développement villageois". Les liens avec le village sont régulièrement entretenus et renforcés par les lettres, les cassettes audio qui rappellent toujours les raisons pour lesquelles un immigré a quitté son pays.

Il y a un nouvel aspect de l'immigration africaine qui risque de poser problème, si l'on continue à l'ignorer : c'est la présence et la précarisation de familles entières. Des villages comme Diaguily, Diogonntoro, les plus importants sur le plan du nombre, comptent 37% d'immigrés qui vivent en famille dans des conditions extrêmement difficiles.

---

1 Tidjanya est une confrérie connue pour sa rigueur.'

Les jeunes originaires de l'Afrique noire ont fait irruption sur la scène publique par l'intermédiaire des médias à travers le phénomène "Zoulou". Pendant l'été 1990, des jeunes noirs connus sous le nom de Zoulous se distinguent par leurs accoutrements et par les conflits violents les opposants aux bandes rivales dans les banlieues.

Ces groupes se veulent un mouvement d'affirmation et de réhabilitation des jeunes et représentent les prémisses d'une déstructuration des familles africaines en France. Nous sommes frappé par la virulence des propos de certains parents immigrés du fleuve: ils affirment que le phénomène zoulou n'atteindra jamais les Soninkés et les Halpularen, car, eux, ils éduquent leurs enfants comme au village. Au-delà des certitudes assénées comme moyens d'autopersuasion, on perçoit une inquiétude chez la quasi-totalité des parents immigrés pour l'avenir de leurs enfants. L'apparition des groupes "zoulous" est le signe d'un désarroi certain des jeunes issus de l'immigration africaine. Elle montre aussi les limites de cette nébuleuse que constitue l'éducation traditionnelle en France.

L'idéologie du retour est très enracinée chez les immigrés qui refusent tous l'idée du non retour au pays d'origine, même pour leurs enfants. Il faut souligner que, socialement, accepter l'établissement définitif des enfants en France constitue une reconnaissance d'une rupture socio-culturelle avec le village d'origine et cela, aucun parent n'est prêt à l'assumer. Dans la représentation de nombreux africains, il est du devoir des enfants de perpétuer le nom de la famille, chose irréalisable en situation d'immigration définitive.

L'argument souvent utilisé par les parents pour justifier la présence des enfants en France, c'est que l'école est la clé d'une réussite dans la vie. Dans les faits, les parents se trouvent en situation de rupture; rares sont ceux qui croient encore au retour des enfants dans le pays d'origine. D'ailleurs, il est significatif de constater l'utilisation abusive par les parents du village comme repoussoir et moyen de répression. Ainsi, des propos comme "si tu ne réussis pas à l'école, on t'enverra au village pour devenir cultivateur ou (pour les filles), on te mariera au village" en disent long sur les contradictions des immigrés qui ne ménagent pourtant aucun effort pour la promotion de leur village.

Ces contradictions sont l'aboutissement logique d'un processus que ne maîtrisent plus les migrants. Ils sont conscients que les effets de la socialisation des enfants en France vont engager ces derniers à adopter des voies différentes de celles souhaitées par les parents. Désormais, certains immigrés reconnaissent que pour les garçons qui auront grandi en France, le retour au pays d'origine est très compromis. Toutefois, ils tiennent à préciser aux enfants que la fierté d'un homme réside dans son degré d'investissement pour la reproduction de la famille. Mais pour les filles, la question semble plus délicate. Les immigrés cherchent à atténuer cette prise de distance des jeunes envers la communauté d'origine en développant le marché des alliances au sein de l'immigration et avec les membres de la famille qui travaillent dans le pays d'origine.

Les parents sont tiraillés entre la logique chargée de produire les codes de conduite de la société d'origine dont ils sont porteurs et la logique de la société d'accueil qui favorise des attitudes nouvelles à l'égard des loisirs et de l'éducation des enfants. La famille, pilier de l'organisation sociale, demeure malgré tout formellement le lieu de définition du lien social et du support de l'organisation communautaire en France. Pour pallier les inconvénients de la dispersion des familles en raison des contraintes du logement en ville, il existe une multitude de réseaux (association de jeunes, caisses de femmes) dont le but principal est de multiplier les rencontres entre parents et jeunes d'un même village.

Le problème des enfants immigrés africains qui commence à se poser exige une double attention. Tout d'abord de la part de la communauté immigrée: elle doit impérativement réinventer un cadre tenant compte de situations nouvelles qui ne sont plus en phase avec les moyens classiques de légitimation, ensuite de la part des autorités du pays d'accueil, qui doivent cesser de considérer cette immigration méconnue et sous-estimée comme temporaire. Cela suppose entre autres une politique facilitant l'accès aux logements et favorisant les associations qui s'occupent de la promotion de la langue et de la culture d'origine.

La désintégration de la culture d'origine et l'absence de références crédibles pour les enfants constituent une source de perturbations permanentes pour les immigrés et pour la société d'accueil. Cela ne signifie pas qu'une identité retrouvée et moins ambiguë réglerait tous les problèmes de société. Cela veut dire simplement que, pour une meilleure intégration, le volontarisme ne suffit. C'est pourquoi l'association pour la promotion de la culture et de la langue soninké mobilise tous les moyens dont elle dispose pour éviter aux enfants d'immigrés que les amarres avec le milieu d'origine ne soient rompus.

L'A.P.S : un relais entre les Soninkés et la société d'accueil

En 1974, des travailleurs et étudiants soninkés créent le centre de recherche et d'étude du soninké. L'objectif de cette association fondée par des intellectuels était d'apprendre aux soninkés à lire et à écrire dans leur langue. Il fallait faire accepter aux immigrés que le soninké est une langue dans laquelle on peut être alphabétisé.

En 1979, L'A.P.S. se substitue au C.R.E.S. Cette mutation marque la reprise en main de l'association par des travailleurs qui estiment qu'il faut intégrer les problèmes sociaux dans les activités de L'A.P.S. Elle constitue aussi une étape dans la prise de conscience de certains immigrés qui estiment qu'il est temps de briser le tabou et d'aborder intelligemment le problème de l'intégration des immigrés africains en France. Ceux qui sont à l'origine de cette nouvelle orientation pensent que les soninkés doivent réfléchir sur les conséquences de l'immigration dans leur propre société. Il découle de leur analyse que l'évolution de l'immigration africaine exige des modes d'organisation et des objectifs dépassant le cadre villageois et nationalitaire pour mobiliser l'entité soninké supranationale.

Les dirigeants de L'A.P.S. sont parvenus à faire de leur association une organisation crédible qui sert de relais à certaines institutions (École, P.M.I.). Ils s'imposent, ainsi, comme les gestionnaires des relations entre le milieu d'origine et le milieu d'accueil. Parmi les activités de L'A.P.S., l'animation culturelle dans les écoles où étudient de nombreux jeunes soninkés occupe une place centrale. Leur action semble très appréciée par les élèves et les enseignants. Toutefois, dans ces villes, il arrive que des parents d'élèves s'opposent à ce type d'initiative qui constitue une menace à leurs yeux. Lors d'une réunion d'information, une dame interpelle le Maire d'une de ces villes en ces termes :

"demain ce sera au tour des Arabes, des Turcs et les Français dans tout cela".

Le maire répliqua qu'il ne s'agissait pas "d'enseigner les langues d'origine des immigrés", mais de permettre "aux enfants de mieux connaître, dans le cadre de l'animation, la culture d'origine de leurs petits camarades". Cet incident indique pourquoi L'A.P.S. accorde une importance au volet information dans son programme. Selon les dirigeants de cette association, pour enrayer ce qu'il considère souvent comme le fruit d'une méconnaissance de l'autre, il faut multiplier les passerelles entre les deux communautés, ce qui exige beaucoup d'efforts et de persévérance.

L'action des femmes

Les responsables de L'A.P.S. sont convaincus qu'une meilleure adaptation des immigrés se fera par l'implication des femmes dans la vie associative. C'est pourquoi ils ont décidé de les aider à créer des espaces de rencontre. Ils les poussent à se regrouper par quartier et par ville pour poser les problèmes qui leur sont spécifiques.

Les femmes sont de plus en plus nombreuses à s'inscrire dans les centres de formation ou à chercher du travail. Les difficultés financières des ménages africains et le coût de la vie en France n'expliquent pas à elles seules la présence des femmes sur le marché. Il faut souligner que leur salaire n'est pas toujours intégré dans les dépenses quotidiennes à cause des conceptions patriarcales qui sont encore très vivaces. La maison appartient à l'homme, c'est à lui seul que revient le devoir de subvenir aux besoins de la famille. De ce fait, les revenus monétaires permettent à la femme de développer son petit commerce, d'avoir une certaine autonomie financière. Ainsi, elle arrive quelquefois à poser des conditions pour la venue de la seconde épouse[1] ou à refuser le système de rotation entre composes.

---

1 Nous avons tenu à mentionner les cas que nous avons observés dans une quinzaine de ménages. Leur nombre est peu significatif par rapport à l'ensemble des ménages, mais le fait est suffisamment remarquable pour mériter l'attention du lecteur.

L'une des raisons à l'origine de l'évolution des rapports entre époux et épouse en France est la disqualification du Kagumé (chef de famille au village) dans la gestion des ménages. Nous avons montré dans la partie consacrée aux effets de l'immigration comment s'est enclenché le processus de délégitimation des institutions de régulation traditionnelle. En outre, le fait que les femmes arrivent de plus en plus jeunes en France, et qu'elles soient en contact avec des travailleurs sociaux, a joué un rôle dans la modification de leur comportement dans certaines situations, et notamment de leur attitude à l'égard de la polygamie.

L'APS : structure de rencontre et de concertation

L'A.P.S. se présente comme un lieu de réflexion et non de décision pour l'ensemble de la communauté soninké. Elle utilise une méthode douce et souterraine pour la construction d'un nouvel espace caractérisé par des rapports sociaux nouveaux. Cela suppose à terme une stratégie de rupture qu'elle refuse de mettre en oeuvre pour l'instant, se contentant par l'intermédiaire de ses responsables d'être présente dans tous les lieux de sociabilité foyers, "caisses" ou associations villageoises. Ces derniers sont convaincus que la dynamique des associations villageoises, qui correspond à une autre logique, va accélérer le processus de transformation des relations sociales au sein de l'immigration.

L'association pour la promotion du soninké continue à mettre en avant la langue et l'histoire comme moyens de structuration des immigrés soninkés. Ses interventions dans de multiples domaines font de ses membres des assistants sociaux, des éducateurs ou des enseignants. Elle bénéficie d'une nouvelle légitimité, celle des institutions qui utilisent ses services.

Face aux difficultés que connaissent de plus en plus les enfants d'immigrés à l'école, les dirigeants de L'A.P.S. ont instauré depuis 1988 des cours de soutien. Cette initiative, très appréciée par les migrants, leur a servi de tremplin pour mener une campagne sur la responsabilité des parents dans le bon déroulement de la scolarité de leurs enfants.

La fête

L'A.P.S. organise annuellement une fête qui rencontre un grand succès auprès de la communauté immigrée. La présence massive des Soninkés témoigne une certaine reconnaissance de la communauté, même si la participation active des immigrés de l'association reste insuffisante, eu égard à l'audience dont jouit l'A.P.S.

Ces fêtes où l'entrée est payante montrent aussi l'aspect conservateur de la société soninké. Par principe, l'A.P.S. s'oppose à ce que les spectateurs donnent de l'argent aux artistes qui se produisent sur scène, dans la mesure où ces derniers sont rémunérés. A ce niveau, le message ne passe pas, la fête est l'occasion tant attendue pour multiplier les gestes spectaculaires et les opérations de séduction en distribuant gracieusement de l'argent ou des objets de valeurs. Les artistes en sont conscients. C'est pourquoi, il leur arrive de renoncer à leur cachet à condition que la "calebasse" où sont mis les dons leur reviennent.

La troupe artistique facteur de changement

L'un des enjeux que l'association est en train de gagner est celui de la participation des jeunes dans la création et la diffusion artistique. Cela peut paraître banal pour certains, car il semble tout à fait normal que des jeunes acceptent de jouer et de danser dans leur langue. Cela est vrai dans les sociétés où l'on devient musicien ou artiste, mais pas dans celle où on naît griot ou forgeron. Le fait que L'A.P.S. ait réussi à convaincre les parents appartenant traditionnellement au groupe dominant de laisser leurs enfants faire partie d'une troupe de danse est révélateur de l'évolution des mentalités. Ainsi, certains membres de la catégorie dominante viennent de céder sur un aspect fondamental de l'organisation sociale traditionnelle, c'est-à-dire la répartition des tâches et des rôles selon les castes.

La fête organisée par L'A.P.S. est une manifestation collective de distraction, de retrouvailles, mais elle constitue aussi un excellent moyen pour renforcer les liens intercommunautaires en promouvant la cohérence culturelle et sociale. C'est pourquoi il a fallu toute la force de persuasion des épouses des immigrés pour amener les hommes à accepter la proposition de L'A.P.S. d'encadrer les jeunes pour les faire jouer. Lors de la production des jeunes en juin 89, les pères étaient d'ailleurs curieusement absents, comme si d'une certaine façon ils refusaient d'assumer leur geste. Ceci montre une fois de plus que les femmes d'immigrés semblent plus réceptives aux adaptations qu'exige la vie en France.

La constitution d'une troupe a suscité parmi certains jeunes des questions sur leur culture. Ils n'ont pu s'empêcher d'interpeller le responsable qui les encadrait en ces termes :

"nous pensions que seuls les griots étaient autorisés à danser, à chanter".

Ils ont avoué aussi "qu'ils croyaient qu'on ne pouvait pas bouger avec la culture soninké". Yacouba Diagana leur répondit que

"non seulement vous pouvez bouger avec la musique soninké, mais vous pouvez faire plaisir à vos parents et à des Français grâce à cette musique"[1].

Cette réflexion des jeunes est un concentré de toutes les contradictions vécues par ces Africains qui subissent un mode de socialisation où l'accent est mis sur la reproduction des hiérarchies traditionnelles (aînés, cadets, nobles et autres castes) d'une part, et une scolarisation où l'unique référence demeure la culture française d'autre part. Cette situation conflictuelle peut être résolue par un renoncement des immigrés à leur culture d'origine. La négation de soi n'est pas un moyen adéquat pour s'intégrer et réussir dans son pays d'adoption. Il est par conséquent vital, pour éviter à l'immigration africaine de ne générer que des enfants inadaptés, de persévérer dans la voie tracée par certaines associations, c'est-à-dire de réconcilier la deuxième génération avec sa culture d'origine.

---

1 Propos recueillis en Février 1990. Yakouba Diagana s'occupait au sein de l'A.P.S. du journal Soninkara et de l'enseignement de la langue Soninké.

Les immigrés sont conscients de l'ampleur du travail qui leur reste à faire pour s'imposer comme des interlocuteurs incontournables dans le pays d'accueil et comme des acteurs crédibles du développement dans leurs villages d'origine. Leur savoir-faire et leur capacité d'épargne ne seront rentabilisés que s'ils s'appuient sur un cadre organisationnel qui dépasse l'espace réduit et contraignant des caisses villageoises.

Le passage de la caisse villageoise aux associations loi 1901 qui commence à se généraliser indique-t-il un changement réel des méthodes d'organisation dans le milieu de l'immigration ?

Seule une étude approfondie du mouvement associatif négro-africain pourra nous permettre de répondre à cette question. Cependant, ce qui est certain, c'est que l'existence de modes d'organisation traditionnels comme les classes d'âge ou les associations d'entraide démontre que les sociétés rurales africaines préfèrent toujours, face aux difficultés, s'orienter vers des solutions collectives plutôt qu'individuelles.

CHAPITRE 3
LE MOUVEMENT ASSOCIATIF NÉGRO-AFRICAIN

Les communautés villageoises restent encore marquées par les solidarités actives des lignages et des classes d'âge qui servent de mécanisme de régulation à un système d'organisation fortement hiérarchisé. Les contraintes sociales et les exigences de la vie en milieu rural imposent des limites à l'acte individuel, privilégiant ainsi les modes d'action communautaire.

Ce type de structuration de la société africaine a conduit de nombreux observateurs[1] à penser qu'il constitue un creuset propice pour l'émergence et le développement des associations modernes. Ce constat implique-t-il que la genèse du mouvement associatif africain trouve son fondement dans le système social traditionnel ?

Albert Meister[2], comme d'autres sociologues[3], réfute d'emblée cette hypothèse en insistant sur le fait que le phénomène associatif est lié à l'avènement de la société industrielle; ce qui signifie entre autres qu'il serait vain de faire un quelconque parallèle avec les modes d'action collective observés dans les communautés africaines.

Nous percevons, à travers cette discussion, le débat sur les structures traditionnelles comme facteur ou obstacle à la transformation socio-économique des sociétés rurales. Nous n'avons nullement l'intention d'instruire ce dossier et préférons aborder le problème autrement pour mieux cerner le mouvement associatif négro-africain.

De façon empirique, nous constatons que l'association est une addition de plusieurs individus se regroupant pour apporter une réponse collective aux problèmes auxquels ils sont confrontés. Dans ce cas, l'association ne serait-elle pas une sorte de

---

1 Belloncle (G), La question paysanne en Afrique noire, Paris, Karthala, 1982.
2 Meister (A), Sociologie des associations, Paris, Albin Michel, 1968.
3 Gosselin (G) montre les difficultés qu'il y a à utiliser, dans le cadre du développement, les valeurs et les structures des sociétés traditionnelles: cf Formations et stratégies de transition en Afrique tropicale, thèse d'Etat, Paris V, 1973.

collectivisme social dont le corollaire, une solidarité matérielle et sociale pour chaque individu, évite à ses membres les affres de la ville ?

Si nous ne retenons que cet aspect des fonctions de l'organisation, il apparaît comme évident qu'elle résulte de l'interaction entre les problèmes que pose la ville et l'utilisation des solidarités traditionnelles comme moyen d'autoprotection, créant ainsi avec plus ou moins d'intensité des espaces de régulation et d'entraide. Dans ce cas, elle ne peut s'inscrire dans une logique autre que celle que lui imposent les groupes détenteurs des moyens de contrôle des pratiques collectives. Elle s'appuie sur la force de la solidarité collective pour raffermir les liens sociaux. On soulignera, néanmoins, que la pérennité et la fonctionnalité de ce cadre dépendent de la capacité de ses responsables à concilier les objectifs de leur association avec les attentes de ses membres et les problèmes que pose la vie en ville.

La fragilité des organisations où la mobilisation des identités culturelles ne constitue plus un facteur de structuration des adhérents a été soulignée par des auteurs comme Georges Balandier. Ce dernier pronostique l'effritement des associations d'origine ethnique car dans la plupart de celles-ci, les obligations dictées par le "fonds socio-culturel se sont effacées"[1].

La désintégration des associations dont le fondement est le lignage a déjà commencé, non pas seulement à cause des effets de l'urbanisation (perte de référence, relâchement du contrôle social), mais surtout, en ce qui concerne les populations originaires de la vallée, du fait que la référence et le point de jonction entre les migrants et les autres membres de la communauté restent le village.

Si nous reconnaissons avec certains "africanistes" que le cadre de sociabilité traditionnel à lui seul ne constitue pas un paramètre suffisant pour l'émergence, voire le développement du mouvement associatif négro-africain, il n'en demeure pas moins qu'il en fut pendant longtemps l'un des moteurs essentiels. Ce qui nous amène à penser que le mouvement associatif négro-africain, tel qu'il se présente, provient d'une relation dynamique entre les formes d'organisation traditionnelle et les exigences de

---

1 Georges Balandier, Sociologie des brazzavilles noires, Paris; Arman Colin, 1955, 320P.

la vie urbaine. L'analyse des structures associatives au village et de celles des immigrés en France nous permettra de mieux saisir la logique qui les sous-tend.

1. LES STRUCTURES ASSOCIATIVES TRADITIONNELLES

Dans les sociétés rurales africaines, les critères fondamentaux qui déterminent la base de tout regroupement de personnes sont l'âge, le sexe et le lignage. Ainsi, quelle que soit la classe d'âge à laquelle il appartient, c'est son origine sociale qui, théoriquement, trace dès sa naissance la trajectoire du jeune négro-africain.

Les feddes ou classes d'âges

Le rôle de la famille dépasse de loin celui d'un foyer où l'individu s'épanouit avant de fonder à son tour une nouvelle cellule identique à celle où il est né. En raison même du caractère étranger et lointain qu'ont toujours eu, et gardent pour le paysan, le pouvoir politique et l'organisation administrative, les relations de parenté et les solidarités inter-lignagières représentent le véritable ciment de la communauté.

Il existe un autre type de solidarité qui prend appui sur le milieu social traditionnel, celui-ci résulte de l'intégration de chaque individu au sein de sa classe d'âge. Chaque village compte une série de "Feddes" regroupant parallèlement garçons et filles. Dans le cadre de cette "association", l'individu reçoit progressivement une grande partie de son éducation, et prend conscience, à l'occasion des tâches de plus en plus utiles, de l'interdépendance qui le lie à ses frères du même âge.

La classe des jeunes gens est sans conteste la plus autonome et la plus vivante. Dotée de responsables issus des couches dominantes, elle effectue collectivement des travaux moyennant une rétribution. Les jeunes arrivent ainsi à se procurer des ressources qui leur permettent de venir en aide matériellement à un de leurs membres qui souhaite se marier ou émigrer.

Le rôle des associations de jeunes se manifeste davantage dans la formation de l'individu, notamment dans le but de consolider l'esprit de fraternité et d'unité qui lie les membres du groupe. Il consiste aussi à organiser et à gérer un système de rotations parmi les jeunes pour participer à la culture des champs des familles ne disposant pas de suffisamment de bras pour mettre en valeur leurs terres. Ces associations avaient certes comme préoccupation première la défense des intérêts catégoriels, mais leur crédibilité dans le village dépendait essentiellement de leur efficacité et du degré de leur implication dans les travaux d'intérêts collectifs.

L'appartenance sociale : facteur de structuration

La percée de l'économie de marché et l'émigration ont transformé les besoins, incitant de ce fait à la création de nouvelles structures d'une autre nature. Nous décelons les traces d'une association qui transcende pour la première fois les classes d'âge, chez les descendants "des groupes dominés". Ces derniers, libérés des contraintes sociales et des obligations envers les lignages dont ils dépendaient, décident avec le développement de l'émigration de monnayer leurs services pendant la période des cultures. La solidarité entre les différents groupes sociaux existe toujours, mais elle fonctionne sur le principe de la réciprocité et non sur celui de la subordination.

Cette nouvelle situation exige une autodiscipline dans les comportements pour éviter toute concurrence génératrice de tensions sociales susceptibles de porter préjudice à cette classe qui a conscience de la précarité de sa position dans des villages où les lieux de pouvoir et de décision sont contrôlés par la chefferie traditionnelle. C'est pourquoi certains d'entre eux, tout en prônant la modération auprès des leurs, créent une association de prestations de services légitimée par le système social, ce qui exclut les autres groupes sociaux. Rappelons que dans la société rurale, l'activité économique est surdéterminée par les rapports sociaux et que toute pratique est socialement orientée.

Les plus âgés sont cooptés pour diriger cette organisation, ce qui évite toute compétition, toute concurrence. Il leur revient de bien négocier les marchés et de veiller à l'harmonie de leurs membres en faisant preuve de beaucoup d'autorité et de désintéressement pour l'utilisation des fonds recueillis.

Cette catégorie socialement brimée se distingue par la disponibilité et par le dynamisme de ses jeunes pour accomplir le travail proposé. Elle démontrera aussi sa perspicacité, et son sens des affaires, en investissant dans l'achat de pirogues qui serviront à la pêche et au transport de passagers d'un village à un autre.

Au-delà de certaines réalisations, cette association, sans remettre en cause ouvertement l'ordre social établi, a su provoquer la rupture entre les catégories dominées et les lignages dominants auxquelles elles étaient rattachées, grâce à la nouvelle identité qu'elle offre à ses membres.

Face à la permanence de l'esprit grégaire, qui renforce les positions de certains groupes sociaux mais crée par la même occasion un climat de concurrence, voire de suspicion, pouvant engendrer des discordes au village, certains émigrés suggèrent la fédération de toutes ces structures en une seule caisse villageoise[1]. Il y eut des réticences, notamment de la part des groupes sociaux dominés. Ceux-ci soulignent que leur organisation a des objectifs différents de ceux d'une association villageoise, en ce sens qu'elle vise à établir entre eux des liens de solidarité. A notre avis, il y avait de la part de cette catégorie dominée une méfiance légitime vis à vis des classes dominantes qui allaient contrôler l'association, les noyant ainsi dans un vaste ensemble villageois.

Les caisses villageoises

Cette initiative de regroupement des ressortissants d'un même village a été acceptée parce qu'elle a été prise par des émigrés qui devaient résoudre impérativement les problèmes nouveaux que soulèvent leurs séjours dans des villes comme Dakar. Dans ces conditions, personne, pas même un groupe social, n'ose

---

1 Ce processus est à l'origine de la création de certaines associations de développement. Il est plus courant chez les Halpularen, en revanche chez les Soninkés (de la Mauritanie et du Sénégal) la création d'une association loi 1901 n'entraîne pratiquement jamais la disparition de la caisse villageoise.

prendre la responsabilité devant l'opinion publique d'être désigné comme le "diviseur" de la communauté.

D'après nos enquêtes auprès de retraités immigrés mauritaniens, les premières caisses villageoises remontent aux années 1935 à Dakar, pour les villages comme Diaguily. Elles étaient dirigées par les personnes les plus âgées, qui fixaient et recueillaient les cotisations. Au début, cet argent servait à venir en aide aux nouveaux arrivants en attendant qu'ils trouvent du travail. Mais très rapidement, après les indépendances, cette structure s'est développée selon une double orientation : d'une part faire du village le point d'aboutissement de toutes les actions; d'autre part, réaffirmer le particularisme villageois en milieu urbain.

Ni une fraternisation de race[1] ni non plus d'ailleurs que la même origine villageoise ne sont suffisants pour assurer un regroupement et une solidarité allant à l'encontre de la vie citadine. Cela reste vrai si l'objectif recherché ne dépasse pas cet aspect, mais nous savons que la fonction des caisses villageoises est multiple, et qu'elle ne se limite pas uniquement à l'entraide. Elle sert de trait d'union entre le village et la ville pour la gestation et la réalisation des entreprises communes. D'ailleurs, ce n'est pas une simple coïncidence si les maisons louées par les émigrés pour accueillir les nouveaux arrivants portent souvent le nom du village d'origine.

Les considérations essentiellement matérielles et utilitaires ne constituent pas des conditions suffisantes pour expliquer la propension à s'associer. La caisse villageoise, comme toutes les formes d'associations des immigrés qui lui ont succédé, fait d'abord appel à la dimension symbolique et à une foi partagée, que révèlent les sommes importantes investies pour la construction de mosquées et l'accueil des grands marabouts. Comme Emile Durkheim[2], de nombreux autres auteurs ont montré l'importance du lien religieux dans la structuration sociale. Pour les sociétés négro-africaines de la vallée du fleuve Sénégal, fortement imprégnées des valeurs communautaires et islamiques, la dimension religieuse et affective représente un élément catalyseur de la dynamique associative.

---

1 Balandier (G), op.cit.p124.
2 Durkheim (E), Les formes élémentaires dans la vie religieuse, Paris, P.U.F., 1968.

L'association villageoise favorise les points de rencontre où les souvenirs collectifs, liés à ceux de la classe d'âge ou du village, sont évoqués. Elle est un endroit riche en stratégies pour atténuer les contradictions liées à une hiérarchisation sociale rigide.

Les caisses villageoises se caractérisent ainsi par un certain bicéphalisme. D'une part, elles réactivent les logiques traditionnelles en milieu urbain ; d'autre part, elles suscitent des entreprises communes, ou des initiatives personnelles, pour la promotion du groupe. De ce fait, leur action participe à la maturation du processus associatif en développant un réflexe de solidarité et un esprit critique.

Mais ce bicéphalisme ne finira-t-il pas par générer des conflits que les structures de régulation (comme la palabre, le consensus social) ne pourront plus gérer, surtout dans un contexte comme la France où la circulation de l'argent, de l'information et des conceptions sur les rapports sociaux est beaucoup plus intense que dans les centres urbains africains?

2. LES ASSOCIATIONS DE MIGRANTS

Dans toutes les grandes villes africaines où il existe une concentration des ressortissants de la région du fleuve Sénégal, ces derniers ont créé une association appelée caisse villageoise.

En France, cela se fit sans difficultés majeures à cause des activités exercées par les immigrés et des logements collectifs que constituent les foyers[1]. En Afrique Centrale, où la plupart des migrants sont des commerçants disséminés un peu partout, la coordination et le contrôle social semblent plus relâchés. Ceci explique la différence de comportement que l'on constate dans les deux types d'immigration, notamment dans leurs rapports avec le village et dans la gestion des relations sociales. Pour les migrants d'Afrique Centrale, l'existence des solidarités communautaires doit aider les nouveaux arrivants à monter leurs propres affaires grâce à un système de prêts sans intérêts ni contrat, le tout reposant sur une confiance garantie par l'appartenance villageoise. Elle permet aussi de les faire

---

1 Cf le chapitre 2 consacré à la vie des immigrés en France.

bénéficier des réseaux et des groupes de pression dont disposent les membres les plus influents de la communauté dans le pays d'accueil.

L'une des fonctions principales de ces associations reste la promotion économique de ses adhérents par le truchement de la dynamique communautaire traditionnelle. Leur intervention au village relève plus d'un mécénat des plus riches d'entre eux que d'une action collective concertée.

Nature de l'association

En France, ce sont en revanche le mode de vie imposé par le foyer et l'activisme des organisations de gauche qui ont influencé le mouvement associatif négro-africain. Les immigrés ont su s'adapter en ajustant les modes d'action traditionnels à une situation nouvelle plus difficile que celle qu'ils ont connue dans les villes africaines.

Ainsi, contrairement aux migrants en Afrique Centrale, ceux de France ont toujours privilégié l'action commune. Ils réagissent et s'affirment d'abord comme un groupe appartenant à une communauté villageoise. Outre son rôle superprotecteur contre un environnement culturel et politique qui menace la stabilité des hiérarchies sociales traditionnelles, l'association s'érige, à partir de la fin des années soixante-dix, en une institution d'aide et de développement au village.

L'organisation et la prise des repas collectifs comme moyen d'aide aux nouveaux arrivants sont maintenues, car elles renforcent les liens d'interdépendance entre l'individu et sa communauté en France. Une partie de l'argent de la caisse, réservée au rapatriement des corps en cas de décès, peut servir aussi à acheter les services d'un avocat, si un ressortissant du village a des problèmes avec la justice française.

Caractéristiques et objectifs de l'association

Compte tenu des longues périodes de sécheresse qui ont sévi dans la région du fleuve et du rajeunissement croissant des immigrés, l'association s'impose comme une structure charnière entre deux espaces. Elle est d'abord à l'écoute du village qui constitue un champ d'affrontement du "conservatisme" et de l'innovation en particulier à cause de certains aspects novateurs et suggestifs de l'action des migrants.

Cette structure ne se démarque pas toujours des principes d'orientation de l'action collective traditionnelle, c'est-à-dire de la solidarité et de la défense des valeurs sociales de la communauté rurale. Mais désormais, les associations d'immigrés, sans changer les fondements des caisses villageoises, élargissent leur champ d'action et leurs prérogatives.

L'association bénéficie d'une double légitimité d'où elle tire sa force : d'une part, l'adhésion de la majorité des immigrés, d'autre part sa reconnaissance au village par les détenteurs du pouvoir traditionnel. Son action repose sur trois éléments interdépendants qui fonctionnent sur la base du système des vases communicants.

- La solidarité entre les membres de la communauté immigrée en France se manifeste lors des baptêmes ou en cas de décès ou de difficultés individuelles. Sa validité dépend de la vivacité et de la vitalité des valeurs sociales traditionnelles en France.
- L'information, outre la sensibilisation et l'animation, avec notamment pour objectif la promotion des langues d'origine, permet à l'association de poser le problème de l'insertion en France et du rôle des ressortissants dans le développement de leur région. Les migrants sont conscients de l'importance de l'information pour l'efficacité de leur action, on le constate dans l'énergie déployée pour magnifier l'image du village. On remarque à cet égard que les notes de présentation de leurs villages d'origine, pour solliciter une aide ou un jumelage avec une ville française, sont de mieux en mieux élaborées.
- Le développement villageois est un terme qui revient comme un leitmotiv. On le retrouve dans tous les statuts des associations déclarées et dans la bouche des responsables de la plus petite caisse villageoise.

L'un des aspects les plus significatifs, c'est que de nombreux responsables d'associations africaines de la région du fleuve se considèrent depuis quelques années comme des acteurs du développement de leur village. Ont-ils raison ou seraient-ils victimes de l'utopie de certains intellectuels engagés, partisans de la coopération décentralisée ?

Nous nous étendrons plus longuement sur ce sujet dans le prochain chapitre. Soulignons toutefois, sans plus attendre, que les immigrés se sont engagés dans un mouvement collectif pour l'amélioration des conditions de vie de leurs concitoyens restés au village. Le désengagement de l'État dans des secteurs clefs comme la santé, l'école ou l'agriculture, conjugué à la faiblesse des moyens financiers dont disposent les paysans a fini par persuader les immigrés du rôle central qu'ils doivent jouer. Cependant, un danger guette les organisations des migrants : c'est de croire qu'elles peuvent, à partir de leur village, créer des îlots de prospérité dans un environnement politique et économique hostile.

Fondements et légitimité de l'association

Les migrants s'imposent comme des médiateurs entre leur village et les institutions qui veulent aider ces régions. Parfois, leur volonté de se réapproprier leur devenir engendre un localisme incompatible avec le développement. On ne peut se permettre en Afrique de faire dans deux villages distants de cinq km, le même type de réalisation dans le domaine de la santé.[1]

Ces inconvénients montrent aussi que la parenté ou le lignage ne sont pas des critères pertinents pour la constitution d'associations dont la logique s'oppose au système discriminatoire des organisations fondées sur les relations de parenté. Il existe une différence de nature entre le regroupement des frères et cousins d'une famille qui se réunissent pour entreprendre des activités rentables et une structure dont les membres consentent des sacrifices énormes pour s'inscrire dans un processus collectif de changement économique et social au village.

Comme bon nombre de sociologues, au début de nos enquêtes, nous pensions que l'association des migrants pouvait être perçue comme une réinterprétation du lignage, dont la

---

1 La concurrence est tellement forte dans des villages où on retrouve les mêmes lignages au pouvoir comme Waly Sagné, Tachott Barané et Tachott Botoholé, Dafor et Gouegnitt que les immigrés, sous la pression du village, font les mêmes réalisations.

fonction consiste principalement à éviter toute forme de déviance par rapport aux normes de la société rurale. Cette approche des problèmes se trouve infirmée par nos observations[1]. Nous constatons que le regroupement se fait autour d'une nouvelle figure tutélaire : le village, et que l'évolution des associations ramène leur fonction de régulation à un moyen qui doit permettre d'atteindre les objectifs fixés.

L'association, en prenant en charge les destinées du village, s'impose comme un vecteur de transformation de la communauté rurale. Elle devient de fait l'acteur d'initiatives collectives qui reflètent directement les réalités du terroir. Il semble que l'efficacité des immigrés découle d'une stratégie prenant appui sur deux points. On peut repérer une phase "intégrationniste" et identitaire, qui met l'accent sur la territorialité au détriment du lignage, tout en évitant de heurter de façon conséquente et manifeste certains rôles et statuts tels que la prépondérance formelle des anciens dans la gestion du village. Précisons que ce phénomène est moins marqué chez les Halpularen que chez les Soninkés, à cause principalement de la rigidité des structures sociales de ces derniers. Il n'empêche que, partout, la population rurale et l'association se sentent liées par une réalité proche, immédiate, sans que cela se traduise par une exaltation abstraite du fait communautaire. Il se produit comme une sorte de découverte d'une "identité collective" qui se développe dans le sens où il est compris comme celui d'appartenance à une communauté villageoise se reconnaissant comme telle.

Le facteur déterminant qui renforce la position des migrants relève plutôt de leur présence dans l'économie sociale villageoise. A titre d'indication, le montant des transferts annuels dans la région du Guidimakha était estimé en 1973 à plus de 10 millions de Francs[2] et à 600 000 FF[3] par mois en

---

1 A partir de 1979, certains ressortissants de Sagné en France ont remis en cause le mode d'organisation qui s'appuyait sur les lignages et les castes. En 1982, ils ont réussi à créer une association qui regroupe tous les ressortissants de leur village en France, pour participer au "développement" de leur région d'origine.

2 Bradly (P), Raynaut (C), Torrealba (J), Le Guidimakha mauritanien, Diagnostic et propositions d'action, Londres, Wart on want, 1977 P 155.

3 Cet argent représente les transferts opérés au niveau de la Banque centrale de Mauritanie à Paris.

1989. Ce point demeure fondamental, d'autant plus que la chefferie traditionnelle, démunie face aux problèmes socio-économiques et à la montée des besoins de la communauté, se trouve en position de faiblesse. Le désordre économique accentue la déliquescence des institutions traditionnelles, ne laissant dans certains cas à la chefferie, qu'une fonction symbolique utile aux associations, car elle participe à l'élaboration collective et au maintien d'une éthique communautaire qui appelle un dépassement de l'individu pour sa famille, son terroir. Cette axiologie commune et ce sentiment partagé, en mettant l'accent sur les solidarités de base dont Durkheim a montré l'efficacité, s'appuient sur la famille élargie qui joue un rôle dans la bonne tenue des immigrés dans leurs associations.

Les immigrés utilisent de fait, consciemment ou pas, tous les ressorts affectifs comme moyens de normalisation des comportements de leurs ressortissants, ce qui nous amène à penser que si, théoriquement, la liberté d'appartenir à une association dépend du bon vouloir de chacun, en réalité le contrôle social et le prestige dont jouit l'association font que le travailleur peut difficilement ne pas y adhérer. Cette forme de contrainte, contestable au nom des principes de la liberté individuelle, s'avère efficace car elle facilite la mobilisation des migrants pour faire face aux catastrophes. Tout en empêchant certains villages du fleuve de connaître la famine, elle contribua à renforcer la légitimité des migrants. Combien de fois avons-nous entendu les "vieux" demander que des bénédictions soient envoyées, après chaque prière, aux enfants du village se trouvant à l'étranger ? Cette marque de reconnaissance, souvent recommencée pendant les prières, représente un capital important, notamment lors des négociations entre l'association et le village pour la réalisation de projets sociaux dont certains notables ne voient pas tellement l'utilité.

Au-delà du caractère fonctionnel des associations, il y a cette capacité d'exister socialement des immigrés par une totalisation du groupe à travers les mécanismes de solidarités villageoises d'une part, et par une reproduction symbolique à travers les grands investissements comme les mosquées d'autre part.

Ainsi, pour le seul village de Waly dont la population est halpularen, ses ressortissants en France ont dépensé, pour la rénovation des anciennes mosquées, la construction de nouvelles mosquées et la réfection du cimetière, 900 000 FF. Cela représente une somme importante par rapport aux revenus des immigrés, dont la moyenne ne dépasse pas 5.000 F par mois. Cet argent, rapporté aux revenus des villageois qui s'élèvent à 1.695 F[1] par personne/an, reste considérable. Cet investissement correspond à 7,5% du revenu annuel des 200 immigrés de ce village et à 36% du revenu annuel des villageois.

La mobilisation des ressources religieuses et familiales demeure une donnée permanente dans le processus de légitimation des associations des migrants mauritaniens. A ce sujet, il faut noter l'habileté de certains de leurs responsables qui ont préconisé pendant un certain temps une stratégie d'adaptation, en satisfaisant les attentes des notables, en multipliant les passerelles entre familles ou entre clans, par le biais de la solidarité matérielle. Cette stratégie a pour effet de renforcer les liens de la communauté immigrée en France sous le contrôle lointain mais efficace des villageois.

Dans le cadre de l'étude Migration et Développement[2] de Panos à laquelle nous avons participé, un enquêteur nous a rapporté avoir assisté dans un village Soninké de Mauritanie, en septembre 91, à une "excommunication" d'un immigré rentré au pays, à la suite de la plainte des ressortissants de son village en France. Ce cas extrême montre combien la contrainte sociale reste encore un élément central de la structuration des migrants.

Le souci permanent d'adéquation des immigrés aux réalités culturelles ne se transforme pas nécessairement en une réactualisation des faits sociaux traditionnels. Cela peut être un atout dans l'entreprise de promotion des migrants pour le développement de leurs villages sur des bases collectives. Ces derniers ne s'attardent pas sur le point de savoir si l'accession à cette nébuleuse que constitue la modernité passe par la dislocation de leurs structures traditionnelles.

La dynamique du système associatif africain est à l'origine de mutations importantes, ces dernières années, dans les comportements des immigrés et de nombreux villageois. En réussissant à établir une connexion entre le village et leur

---

1 Enquête réalisée par le RAMS sur les structures des revenus par ethnies en Mauritanie, Nouakchott, 1981.
2 Migration et développement, institut Panos, Paris, 1992

association, les migrants ont pris conscience de la parcelle de pouvoir que leur confère leur poids économique et social, tandis que les femmes, qui traditionnellement étaient obligées de s'adonner aux cultures de l'arachide, sont de plus en plus nombreuses à s'organiser dans des groupements maraîchers. Cela leur permet, grâce à la transformation des habitudes alimentaires et à une monétarisation de la société, de commercialiser pendant une courte période de l'année une partie de leurs produits. Toutefois, cette mutation ne sera totale que si elle est relayée par un processus endogène, car le problème ne consiste pas seulement à adhérer à de nouvelles valeurs de consommation mais de savoir si la société arrive à se donner les moyens nécessaires pour y parvenir. C'est pourquoi l'importance des facteurs exogènes dans tout processus de transformation ne doit pas occulter le fait que :

> *« toute société se manifeste en perpétuel devenir, elle révèle toujours - mais avec des intensités diverses - un continuel mouvement de déstructuration et de restructuration »*[1].

La ligne de conduite des immigrés, guidée par la recherche d'un équilibre dans l'orientation de l'organisation entre un mode de sociabilité traditionnelle et une forme d'organisation moderne, facilite la communication entre les détenteurs du pouvoir au village et l'association des migrants.

Le formalisme et le contrôle social

L'une des caractéristiques de l'organigramme de l'association des migrants est un dosage fort subtil entre la conception traditionaliste et les exigences d'un modèle associatif moderne. Nous constatons d'ailleurs un décalage entre les règles définies par les statuts pour le fonctionnement de l'association et les pratiques utilisées pour le règlement des conflits. De fait, il y a une utilisation du formalisme occidental sur un fond social traditionnel.

Ainsi, pour l'association des ressortissants du village D, le recouvrement des cotisations est confié au responsable en

---

1 Balandier (G), Sens et Puissance, 2ème édition, P.U.F., 1971, P 251.

France de chaque concession familiale. C'est lui qui doit recenser les membres de sa famille et verser mensuellement leurs cotisations. S'il y a des récalcitrants, la famille s'acquitte d'abord de ce qu'elle doit verser et exerce ensuite des pressions sur ceux qui accumulent les retards.

Le type de structuration et de fonctionnement de l'association renforce son efficacité, car il lui confère une certaine légitimité dans la communauté villageoise. A notre avis, c'est ce souci qui explique en partie la corrélation qui existe entre origine sociale et niveau de responsabilité au sein de l'association. Sur une vingtaine d'associations déclarées, 85 % des principaux responsables sont issus des groupes sociaux traditionnellement dominants au village. C'est peut-être une coïncidence comme le laissent entendre certains immigrés qui reprochent aux anthropologues de se référer systématiquement au système social traditionnel pour expliquer toutes leurs pratiques. Ils nous suggèrent plutôt de nous pencher sur l'itinéraire personnel des membres de bureau et de leurs compétences. Cette trajectoire du migrant est bien sûr importante dans l'attribution des responsabilités, mais ce qui semble déterminant dans la plupart des cas, c'est le passage de la caisse villageoise à l'association loi 1901. Cela se fait toujours à la suite d'âpres négociations où il faut donner des gages qui se traduisent souvent par la reconduction des éléments "nobles" les plus éclairés à la tête de l'organisation. Ainsi, il est arrivé que les contradictions se déplacent des "nobles et autres" pour opposer les jeunes aux vieux.

Comme nous l'avons souligné à plusieurs reprises, le village est le point d'aboutissement où les fonctions dévolues aux groupes de solidarité trouvent toute leur signification. Si une association suppose certaines obligations, elle implique toutefois également des droits, que même la contrainte sociale accentuée par les pesanteurs traditionnelles ne peut annihiler.

Rappelons que la création d'une association :

> *"trouve sa source dans un accord de volontés, ce qui élimine a priori la forme associative imposée"*[1].

---

1 Guillaume (G), Collectivités territoriales et Associations, Paris, Economica, 1987, P 2.

Un nombre de plus en plus grand d'associations commence à intégrer cet aspect, même si elles n'ont pas abandonné le chantage social. Il faut noter que la loi du 9 octobre 1981, abrogeant le décret de 1939 plus draconien qui obligeait les étrangers à demander une autorisation préalable avant toute constitution d'association, a eu des répercussions positives sur leur mode d'organisation.

La codification des rapports sociaux et des objectifs dans un texte est une innovation, car elle entre en opposition avec de nombreuses pratiques sociales largement influencées par les coutumes. Dans le préambule des statuts de plusieurs associations, une déclaration de principe souligne que l'association reste ouverte à tous les ressortissants du village.

Ce passage anodin remet en cause, sans en avoir l'air, la nature de certaines relations sociales. Dans la communauté villageoise, la personne est insérée dans une sorte de réseau social où chaque individu a son rôle et son statut bien définis. Nous avons demandé à quelques immigrés pourquoi les femmes ne militent pas dans la même association que les hommes, dans la mesure où les statuts de l'organisation le permettent. Indépendamment des stéréotypes qui reviennent souvent sur les femmes, les réponses les plus construites rejoignent cette appréciation d'un de nos interlocuteurs :

> *«les femmes se sont toujours organisées à part ; au village, elles avaient une association qui était la réplique de celle de leur classe d'âge masculine, il y a toujours eu complémentarité entre les deux associations»*[1].

Selon cet informateur, cette coopération continuera "mais ce sera chacun dans son domaine", car il n'est pas de leur intention de briser les cloisonnements entre les femmes et les hommes. D'ailleurs, pour certains, c'est un faux problème que nous soulevons. L'un d'entre eux, d'un air mi-narquois, mi-interrogateur, nous demande si nous connaissons des "femmes sérieuses immigrées", il précise qu'elles sont venues en France

---

1 Entretien réalisé avec un responsable d'association en Octobre 1990 à Paris.

grâce à leur mari et que "les affaires du village ne les concernent pas"[1]. Cette vision est remise en cause par deux organisations (Bouly, Guidimahka Jikké) dont les femmes s'investissent pour le développement du village d'origine.

Cette brève discussion nous a permis de nous éclairer sur deux aspects du problème. Nous remarquons que même les responsables de l'association qui, à nos yeux, sont les plus ouverts aux formes d'organisation moderne interprètent certaines dispositions de l'association sur des bases strictement traditionnelles. Notre constat est le produit d'une réalité culturelle assez profonde qui met en compétition certaines forces. Les premières, centrifuges, cherchent à remettre en question le système traditionnel dans son essence, les autres, centripètes, renforcent la cohésion sociale et le contrôle des individus par des normes collectives.

Ce dualisme, maintes fois souligné tout le long de notre travail, laisse présager une désagrégation imminente de certains aspects obsolètes du système social, surtout lorsque les individus deviendront plus conscients de leurs droits. Cette conscience nouvelle, qui traverse toutes les catégories sociales des immigrés, est source de tensions entre les "leaders progressistes" et les "leaders conservateurs" au sein de l'association. Si ces conflits n'aboutissent presque jamais à des scissions[2], c'est pour deux raisons. D'une part comme l'écrit Bastide (R) :

> «*Toute culture comporte des vannes de libération de ses forces centrifuges, en même temps qu'elle les reprend (cérémonies compensatoires) et rituels de rébellion*»[3].

La société a ses propres sanctions, ce sont elles qui indiquent quelles valeurs sont applicables à l'intérieur du groupe. D'autre part, force nous est de reconnaître l'efficacité d'une institution

---

1 Cette tendance de certains responsables d'association à tenir à l'écart les femmes sur les activités concernant le village a été posée par certaines épouses d'immigrés lors d'une table ronde sur le rôle des immigrés dans le développement de leurs régions d'origine.
2 Nous connaissons un seul exemple où ce type de conflit a abouti à une scission, c'est à Dembankani, dans la région du fleuve Sénégal.
3 Bastide (R), Anthropologie appliquée, Paris, Payot, 1971, P 98.

que nous avons toujours considérée comme périmée pour la résolution des problèmes : il s'agit d'un mode de prise de décision qui découle d'un compromis appelé abusivement "la palabre africaine". Les statuts de toutes les associations prévoient un quorum pour la tenue des réunions et la règle de la majorité pour les prises de décision. Mais dans toutes les réunions auxquelles nous avons assisté, pas une seule fois un problème n'a été tranché par vote et nous n'avons recueilli aucun écho allant dans le sens contraire, notamment auprès des autres associations. Les débats duraient des après-midi entiers, mais les immigrés finissaient toujours par trouver un consensus, quelle que fût l'âpreté des discussions. Ce mode de prise de décision implique que certaines conditions sociologiques soient réunies. S'il peut revêtir en France un caractère démocratique, ce n'est pas toujours le cas au village, où tout le monde n'a pas droit à la parole. S'il continue à fonctionner comme moyen de prise de décision au sein des associations d'immigrés, c'est grâce à une axiologie collective commune à toutes les catégories sociales et au regard du village[1]. Le fait que les décisions soient prises à l'unanimité constitue un atout pour l'association qui se présente en bloc au village.

La cotisation traduit un lien très fort d'acceptation et de reconnaissance. Elle est le thermomètre de la solidarité des liens communautaires, l'accumulation des retards dans le paiement apparaît comme un indice de distanciation de l'individu par rapport au groupe et une remise en cause tacite de l'identité villageoise. Au-delà de l'aspect financier que recèle la cotisation, le sujet est donc tenu de participer à l'expression de la volonté de la communauté, sinon il se disqualifie. C'est pourquoi il n'y a pratiquement pas de cas de non paiement. A titre d'indication, nous savons que ces mêmes militants ne font pas preuve de la même régularité au sein de l'association des travailleurs mauritaniens en France (U.T.M.F) et des organisations politiques mauritaniennes. Ceci nous amène à penser que les immigrés ne sont pas encore parvenus à dépasser leurs appartenances villageoises et ethniques qui demeurent le cadre de référence structurant toutes leurs activités.

---

1 Nous connaissons des exemples où des immmigrés, à la suite d'une plainte, ont été "excommuniés. Pour réintégrer la communauté, ils doivent payer une amende et prendre l'engagement de respecter les décisions de l'association villageoise.

Sur les 165 personnes interrogées, presque toutes s'acquittent régulièrement de leurs cotisations (95 %). Ce n'est pas surprenant. Il existe une relation entre la régularité dans les cotisations et les attentes des immigrés. Ainsi, 34 % d'entre eux souhaitent que l'association participe activement à l'introduction du "progrès et du développement" au village, et 63 % qu'elle vienne en "aide au village", tandis que près de 3% déclarent ne rien attendre de l'association. Cette dernière catégorie se rencontre surtout parmi les plus jeunes (16-24 ans), qui constituent 7,25 % de notre échantillon : ceux-ci n'osent pas pour l'instant, à cause des raisons culturelles et sociales, se détourner de l'association villageoise.

Il existe indéniablement, de la part de l'immense majorité des migrants un consensus quant aux domaines prioritaires du développement villageois : il s'agit de la santé, de l'école et du développement agricole. Cette triade anime un état d'esprit qui arrive à souder les éléments disparates (ambitions personnelles, différences de vision) en un tout dynamique.

On assiste à une tentative de la part des immigrés de nier toute différenciation sociale et économique dans leurs discours. Ils mettent très souvent l'accent sur la solidarité, ce qui n'est pas nouveau, mais lorsqu'ils disent que l'association doit défendre les intérêts du village, il y a lieu de se demander contre qui .

Tout d'abord contre eux-mêmes, car ils sont conscients que le processus d'individualisation en cours risque de se faire au détriment de la communauté, et que les tentations que suscite la société de consommation peuvent en période de crise développer les égoïsmes. Pour parer à ce risque, on constate de la part des immigrés un souci permanent de rechercher une homogénéisation de leur communauté à travers le village comme espace social et culturel. La quasi-totalité des associations mauritaniennes que nous avons rencontrées insiste sur la nécessité d'améliorer et de développer les institutions de solidarité (maisons d'hébergement dans les grandes villes africaines pour les jeunes en provenance du village, appui à la création de coopératives de consommation au village).

Ce qui nous a frappé pendant toutes ces années où nous sommes resté en contact avec les migrants, c'est le dynamisme et l'esprit d'initiative de certains responsables d'associations. Nous avons l'impression qu'ils ne vivent que pour leur organisation, et que leurs loisirs et l'action politique sont indissociables de leurs associations. Ils ont une telle soif de connaître, de découvrir qu'ils ne se ménagent pas et essaient d'avoir leurs propres réseaux au fonds d'action sociale (F.A.S.), au G.R.D.R., à la fédération mondiale des villes jumelées.

Dans de nombreuses associations, le bureau est élu collectivement pour empêcher, nous dit-on, de se focaliser sur des individus. Si les adhérents ne sont pas satisfaits, l'équipe entière ne sera donc pas reconduite; c'est le principe de la responsabilité collégiale. Le bureau se réunit régulièrement une fois par mois. Il lui revient de trouver les compétences techniques pour mettre en application les projets adoptés par l'association. Le trésorier est l'un des personnages centraux de l'organisation, il doit bénéficier d'une bonne réputation. De préférence, il faut qu'il sache lire et écrire, même si ce critère ne semble pas être le principal.

La majorité des migrants ignore les statuts de leur association (73 %) ; la connaissance formelle importe peu pour eux. Ils ont la conviction que l'association travaille pour le village, et ils sont prêts à consentir des sacrifices financiers qui peuvent atteindre 1.500 FF par personne pour un projet. Si nous prenons le cas de l'association pour le développement et le progrès de Sagné Lobaly où la moyenne du salaire annuel des immigrés s'élève à 74 400 FF, la contribution spéciale, ajoutée à la cotisation mensuelle, représente 3,62 % du revenu annuel.

Cette foi des travailleurs immigrés dans les capacités du mouvement associatif à apporter les transformations nécessaires semble avoir fait des émules. Ainsi, dans les villages, on assiste à l'émergence de structures, qui servent de relais aux immigrés et s'imposent comme partenaires pour la réalisation de certains projets.

3. RAPPORTS ENTRE ASSOCIATIONS D'IMMIGRÉS ET POUVOIRS PUBLICS

La nature de l'immigration sahélienne et le contexte dans lequel s'est enclenché le processus migratoire expliquent la méfiance permanente des immigrés envers l'État en général. Il faut souligner que cette distance par rapport aux institutions apparaît légitime, car ces dernières ne se sont manifestées à eux que sous l'aspect cœrcitif (levée d'impôt, multiplication des formalités administratives pour la moindre sollicitation).

Les nouvelles perspectives que se donnent les associations d'immigrés exigent pour l'efficacité de leurs actions une double reconnaissance : celle du pays d'accueil et celle de leurs pays d'origine. En France, leur revendication dépasse la reconnaissance formelle dont jouissent déjà leurs associations. Ils aimeraient surtout être reconnus comme acteurs dans le pays d'accueil et dans leurs villages. Une dimension non moins importante du mouvement associatif consiste à favoriser l'insertion des immigrés par le biais de la formation et de l'information. Un autre domaine où l'intervention semble plus significative et nécessite plus de soutien, c'est l'action pour le "développement villageois". Cela suppose au préalable que les associations de migrants ne soient plus considérées comme uniquement des caisses de solidarité et que les institutions financières, en particulier les O.N.G, pratiquent à leur égard une politique de partenariat. Nous connaissons des exemples où la coopération décentralisée, notamment entre des villes françaises et des villages de la vallée du fleuve Sénégal (jumelage coopération Arles-Sagne), ont donné des résultats positifs dans le domaine de la santé et de l'éducation. Ainsi le projet de construction d'un dispensaire au village de Sagne, engagé par l'association de ses ressortissants vivant en France, a trouvé dans l'instauration d'un jumelage coopération l'occasion de se réaliser. Sur un budget de 249 720 FF, l'association des immigrés assure 64,05 % du financement, le ministère de la coopération par le biais de la fédération mondiale des villes jumelées 19,8 %, tandis que le reste est réparti entre la mairie d'Arles, les associations des écoles d'Arles et la communauté villageoise de Sagne.

Contrairement à leurs partenaires de l'Union du Maghreb Arabe (Algérie, Maroc, Libye et Tunisie) et de l'Organisation de la Mise en Valeur du fleuve Sénégal, les gouvernements mauritaniens qui se sont succédé depuis l'indépendance n'ont jamais accordé une attention particulière aux émigrés. Certes, les pouvoirs publics tolèrent l'existence des associations d'immigrés dans la mesure où ils traitent avec elles, notamment lorsque celles-ci opèrent des transferts financiers ou mettent en oeuvre des projets de développement. Mais le paradoxe, c'est qu'elles sont rarement reconnues comme des partenaires responsables pouvant réellement contribuer positivement à la transformation socio-économique de leur pays d'origine.

Une organisation relais

L'absence d'une ligne politique en matière d'émigration ne signifie pas que l'État mauritanien n'ait pas de stratégie élaborée pour le contrôle de ses ressortissants. Déjà en 1963, lors de sa visite en France, le président de la République de Mauritanie entérine la création de l'Union des Travailleurs Mauritaniens en France qui bénéficie d'une subvention annuelle de 2 000 F. Cette association se devait d'abord de ramener les Mauritaniens au bercail en leur proposant un autre cadre que celui de l'union générale des travailleurs sénégalais en France, dans lequel ils militaient depuis 1961. Ceci était important pour l'émergence du sentiment national dans un pays multiethnique dont l'existence contestée au nord par le Maroc pouvait susciter des convoitises au Sud. Le sujet qui adhérait à l'U.T.M.F. accomplissait un acte patriotique dont le fondement était l'identification à l'État national. Vingt-cinq ans après, lorsque nous avons demandé aux immigrés pourquoi ils adhéraient à l'Union des Travailleurs Mauritaniens en France, 91 % nous ont répondu "c'est pour l'unité nationale"[1]. A l'époque, chaque travailleur avait sa carte, c'est ce qui explique le nombre élevé d'adhérents à l'U.T.M.F. (4600) dans les années soixante-dix.

A partir de 1971, l'U.T.M.F. prend son autonomie par rapport à l'ambassade. Les travailleurs, mieux représentés au sein de l'organisation, se montrent plus revendicatifs (régularité dans les

---

1   Nous avons réalisé cette enquête avant avril 89 : période intensive de répression contre les Négro-africains en Mauritanie.

paiements des allocations familiales au pays, facilités pour l'obtention de fiches d'état civil). Cette période n'est pas fortuite, car elle correspond en Mauritanie à la montée des idées progressistes symbolisées par le mouvement national démocratique (MND).

L'union des travailleurs mauritaniens en France connaît deux crises majeures, liées aux politiques des pouvoirs en place. En 1975, après l'annexion du Sahara occidental par le Maroc et la Mauritanie, le gouvernement de la RIM essaie de prendre le contrôle de l'association pour en faire un instrument de propagande de sa politique au sein des immigrés. Cette démarche aboutit à une scission au sein de l'association où une majorité d'adhérents était pour l'autodétermination du peuple saharoui. La seconde crise qui paralysa l'U.T.M.F. concerne les incidents survenus entre le Sénégal et la Mauritanie, dont l'une des conséquences fut la déportation de Mauritaniens négro-africains au Sénégal, sous le prétexte fallacieux qu'ils étaient d'origine sénégalaise.

Les immigrés sont devenus un enjeu à cause de leur poids socio-économique. Ils sont régulièrement sollicités par les hommes politiques de leur région pour participer financièrement aux campagnes municipales. Ce n'est pas fortuit si les dirigeants des partis politiques, notamment ceux originaires des zones d'émigration, multiplient les opérations de séduction en direction des immigrés. L' U.T.M.F est devenue en 1994 l'Union Générale des Travailleurs Mauritaniens en France, elle reste un interlocuteur privilégié des pouvoirs publics de Nouakchott pour discuter du rôle de la banque centrale mauritanienne en France et du problème des allocations familiales.

Une banque pour les travailleurs ?

L'intérêt croissant du pouvoir pour les migrants repose sur des considérations non seulement politiques mais aussi économiques. La création de la banque en 1987 avec rémunération des comptes indique une certaine prise en compte du poids financier des immigrés par les pouvoirs publics. L'aggravation de la crise économique et la fermeture des frontières avec le Sénégal, qui a tari l'une des sources de devises, ont conduit les autorités à se tourner vers les migrants pour le transfert des devises avec un taux de change favorable.

Selon le directeur de la Banque Centrale de Mauritanie (B.C.M.) à Paris, en 1990 une somme de 8 508 576 UM, soit l'équivalent de 1 500 000FF aurait été perdue sur les transferts effectués par les travailleurs mauritaniens en France. En 1991, le déficit se chiffre à 8 611 987 UM(soit plus d'un million cinq cent mille francs) ; malgré les taux alléchants de la B.C.M., les responsables de la banque commencent à s'inquiéter de la baisse des montants d'argent envoyés.

Cela serait-il dû à un geste de défiance vis-à-vis d'un pouvoir qui réprime la communauté négro-africaine ? Ou alors le développement du marché noir qui propose un taux de change plus favorable que celui de la banque centrale serait-il à l'origine de cette attitude ?

Comme souvent dans ces cas là, c'est la combinaison de plusieurs facteurs qui explique de tels comportements. Le climat de terreur qui sévit dans la région du fleuve Sénégal depuis 89 a freiné les activités économiques et sociales. Tout le monde attend de voir si la Mauritanie ne va basculer dans la guerre civile. En mai 91, des responsables de la banque centrale se réunissent avec le bureau de l'U.T.M.F. pour souligner leur étonnement devant la chute brutale des transferts(de 600 000ff par mois, ils sont tombés à 180 000ff) de devises vers la Mauritanie.

Depuis les événements tragiques d'avril 89, l'U.T.M.F. a perdu une partie de sa crédibilité. Ses difficultés proviennent du renforcement des courants politiques fondés sur les logiques ethniques et communautaires. Entre septembre 89 et juillet 91, les sections ne se sont pas réunies avec le bureau central comme le prévoient les statuts. Les immigrés se détachent progressivement des organisations syndicales et se recroquevillent dans les structures d'encadrement villageois.

Les associations villageoises fortement amarrées dans le localisme ont du mal à s'en émanciper. Ce handicap ne sera surmonté que lorsque les immigrés comprendront que pour entreprendre des actions de développement régional, un cadre fédéral regroupant le maximum d'organisations est indispensable. Certains responsables d'associations soulignent les inconvénients de cet isolement et préconisent une plus grande ouverture de leur association à la société civile européenne et africaine.

CHAPITRE 4
LA PLACE ET LE ROLE DES ASSOCIATIONS D'IMMIGRES DANS L'ECONOMIE SOCIALE DE LA VALLEE DU FLEUVE SENEGAL.

Les études socio-économiques faites sur l'immigration des gens de la vallée ont tendance à mettre l'accent sur les transferts financiers[1] au détriment du processus de transformation sociale enclenché par les associations de développement. On pourrait rétorquer, certes, et nous l'avons nous-même souligné, que l'importance des transferts financiers démontre la permanence des liens avec le pays d'origine, ainsi que la forte dépendance de certaines régions d'Afrique par rapport à l'immigration. Il nous paraît toutefois encore plus important d'étudier les autres moyens utilisés par les migrants pour aider les habitants de leurs villages d'origine.

En 1982, l'O.C.D.E. a mené une vaste enquête sur les trois États de l'O.M.V.S. (Sénégal, Mali, Mauritanie). Les résultats de ce travail évaluent à 200 millions de francs[2] les envois d'argent des immigrés de la France vers le pays d'origine. Il faut noter que des pays comme la Mauritanie accordent de plus en plus d'importance aux transferts financiers de leurs ressortissants.

Pour l'État mauritanien, la régularité des transferts monétaires qui s'élèvent à six millions[3] de francs par an est devenue un impératif. C'est une des raisons de la création d'une succursale de la Banque Centrale de Mauritanie à Paris en 1986, pour la captation et l'orientation de l'épargne des migrants.

---

1 Condé (J), Diagne (P), Les migrations internationales Sud-Nord. Une étude de cas : les migrants maliens, mauritaniens, sénégalais de la vallée du fleuve Sénégal, Paris, O.C.D.E., 1982.
2 En 1983, sur un total comptabilisé par la Banque de France, les marocains ont rapatrié 24,10%, l'Afrique noire 2,2%, les Tunisiens 1,8%. Les chiffres sont en deçà de la réalité pour les trois pays de l'O.M.V.S. où le circuit informel reste très développé.
3 En mai 1991, lors d'une réunion entre l'Union des Travailleurs Mauritaniens en France (UTMF) et les reponsables de la Banque Centrale de Mauritanie, ces derniers ont reconnu que le montant des transferts des immigrés qui s'élevaient à 600 000FF/mois est tombé à 180 000 FF.

L'importance des flux financiers à elle seule ne permet pas de saisir, dans toutes ses dimensions, l'impact social et économique des immigrés au village. Ceci d'autant plus que l'idée communément admise présente les immigrés comme des individus ne reculant devant aucun sacrifice pour se constituer une épargne qui sera engloutie dans les dépenses de prestige, dès le retour au pays d'origine. Cette image façonnée par les pratiques ostentatoires de certains d'entre eux suscite, aussi bien dans le pays d'accueil que dans le pays d'origine, des jugements de valeur teintés de paternalisme. C'est pourquoi les efforts parallèlement consentis par les immigrés en faveur de leurs villages pour pallier le risque de famine sont quelque peu oubliés.

Les sociétés rurales de la vallée du fleuve Sénégal dépendent de plus en plus de l'économie marchande dont elles s'approprient les modes de consommation, alors que structurellement elles ne possèdent pas les éléments qui leur permettraient de satisfaire ces nouveaux besoins. Parallèlement, l'émergence et la diffusion de nouveaux modèles culturels provoquent des dysfonctionnements dans la communauté, sans toutefois entraîner la disparition du sentiment d'appartenance villageoise qui demeure le levier et le régulateur des associations d'immigrés.

Une réorientation de l'action des migrants

L'émigration a longtemps été la principale parade trouvée par les populations rurales soninkés et halupularen pour faire face à leurs difficultés. Désormais, les immigrés cernent mieux les limites de ce palliatif fortement menacé par les nouveaux enjeux[1] dont l'immigration est l'objet dans les pays d'accueil. Cette prise de conscience de certains immigrés qu'on peut qualifier de pionniers eut comme conséquence une réorientation de leur action et un changement substantiel sur le plan organisationnel. Mais cela se fit sans une remise en cause ouverte de la légitimité des formes d'organisation sociale gérontocratique. Pouvait-il en être autrement, compte tenu de la

---

1 Le mythe de l'immigration zéro est en train de devenir le leitmotiv des partis de gouvernement en France.

prédominance de certains codes sociaux qui conditionnaient encore les attentes? On ne doit pas oublier que :

> « *la finalité d'un comportement renvoie toujours à un objet de dés ir ou à l'adhésion du sujet aux valeurs qui règlent sa conduite*»[1]

Cette pression sociale, si elle limite les aspirations individuelles, ne les annihile pas complètement dans la mesure ou, à travers leurs hommes de confiance (Duntegne), les immigrés cherchent à contrôler une partie de leur épargne. Les Duntegnes sont d'anciens immigrés ou des fonctionnaires à la retraite qui jouissent d'une image de grande probité. Grâce à eux, l'immigré essaie de gérer et d'orienter certaines dépenses à distance (paiement d'une main d'œuvre extra-familiale pour la culture ou la construction d'une maison). La fonction du "Duntegne" ne se limite pas seulement à recevoir et à garder l'argent des immigrés; elle consiste aussi à donner des conseils aux immigrés pour qu'ils fassent des placements rentables. Ces "conseillers" n'ont jamais voulu prendre beaucoup de risques. Les domaines dans lesquels ils poussaient leurs clients à investir correspondaient aux représentations dominantes dans le village sur les investissements socialement rentables. Ceci explique l'absence de diversification dans les choix économiques des immigrés qui vont placer successivement leur argent dans le bétail, l'immobilier, le transport.

La conjonction de deux facteurs provoque la disgrâce de cette fonction. Des détournements de fonds signalés ça et là ont des effets négatifs sur ces dignitaires. Mais ce sont surtout les avantages liés à la possession d'un compte d'épargne et l'évolution des rapports à l'argent chez les immigrés qui font disparaître ce type d'activités. La disqualification de ce métier sanctionne certes une mauvaise canalisation et utilisation de l'épargne depuis vingt ans, mais elle correspond aussi à la valorisation de la consommation individuelle. Aussi paradoxal que cela puisse paraître, cette situation n'a pas eu un impact négatif sur les fondements du mouvement associatif, mais a favorisé l'éclosion d'un cadre organisationnel, mieux adapté que

---

1 Pottier (R), Critique de l'objectivisme et du subjectivisme dans les sciences sociales, université de Nice, 1985, P 11.

l'ancien aux nouveaux enjeux de l'immigration et à la problématique du développement de la vallée.

Nous avons montré dans le chapitre précédent que les associations d'immigrés fonctionnent en privilégiant trois axes contribuant à renforcer le capital symbolique que leur procure déjà le statut d'immigré. Ceci nous amène à estimer que les transferts financiers individuels qui sont la raison d'être de l'émigration dans la vallée apparaissent comme secondaires pour le développement du village par rapport à la prise de conscience des associations d'immigrés de leur rôle socio-économique dans leurs régions d'origine. D'ailleurs, cette nouvelle situation est aussi à l'origine de la réorientation des initiatives individuelles et collectives vers des investissements qui participent à la transformation qualitative de la vie au village. Cependant, laisser croire que les associations de migrants peuvent à elles seules constituer le vecteur de l'économie régionale serait faire preuve de démagogie. Néanmoins, elles se révèlent être un pilier important dans la vie économique et sociale des régions de fortes émigrations; de ce fait, les institutions de développement ne peuvent se permettre de continuer à les ignorer.

Il est tentant d'expliquer la dynamique des immigrés par le prestige qu'ils retirent du rôle des associations au village. Ce type d'attitude intéressée existe, car toute pratique individuelle ou collective est socialement orientée. Il serait cependant erroné de ne voir dans l'action des organisations de migrants qu'une recherche effrénée de reconnaissance sociale et de pouvoir de la part de leurs leaders. Les conduites collectives des immigrés proviennent aussi d'une certaine appréhension vis-à-vis de leur avenir familial, personnel et de celui de leur communauté d'origine. Mais la particularité de leur action, c'est qu'elle trouve sa substance dans la mobilisation des identités collectives pour la réalisation d'objectifs communs. Il apparaît qu'individuellement, les immigrés n'ont pas les moyens matériels et idéologiques de provoquer les mutations nécessaires au développement du village. Regroupés au sein de leur association, ceux qui sont les plus réceptifs au progrès arrivent à entraîner les autres dans leur sillage, car comme le montre Bastide (R) :

> *"choisir le progrès cela doit se faire du dedans, avant qu'il ne soit collectif il doit être celui de certains"*[1]

Le fait que les associations d'immigrés soient désormais les auteurs d'innovations organisationnelles, financières et techniques est un indicateur des mutations qui se sont opérées au sein de l'immigration. Cela montre que les immigrés essaient de transformer positivement les effets négatifs générés par l'immigration dans leur pays d'origine, en profitant au maximum des expériences accumulées dans plusieurs domaines pendant leurs séjours en France. Le problème auquel se heurtent non seulement les associations d'immigrés, mais aussi les institutions de développement, c'est comment faire en sorte que les populations auxquelles est destiné le projet se sentent concernées.

Souvent, par la négociation, les migrants arrivent à faire accepter aux notables du village les projets adoptés par l'association, grâce à leur position financière. Les responsables de l'association reconnus socialement au village remplissent ainsi une fonction de légitimation de l'innovation. L'acceptation par les notables des projets issus de l'immigration découle de la forte présence des immigrés dans tout le tissu social. L'importance de leurs investissements et la densité de leur réseau social ont favorisé, dans de nombreux villages, la translation du centre de décision du village à l'association. Mais cet aspect est masqué par la stratégie de concertation de la quasi-totalité des associations mauritaniennes avec les dépositaires de l'autorité traditionnelle.

Il faut noter que l'objectif des immigrés ne consiste pas à se substituer aux chefs traditionnels, ni à les marginaliser, mais à faire en sorte que les notables n'aient aucun pouvoir pour refuser le label de conformité nécessaire à la réalisation de certains de leurs projets. Dans ce jeu subtil, la densité du réseau social dont se prévalent les associations d'immigrés, notamment lorsque leur village est jumelé avec une ville française, constitue un atout déterminant.

---

1 Bastide (R), Anthropologie appliquée, Paris, Payot, 1971, P 63.

L'immigration, comme le montre Abdelmalek Sayed[1], correspond à différentes phases, dont la dernière est marquée par le développement de l'individualisme au sein des immigrés. La particularité de l'immigration sahélienne réside aussi dans le fait que la montée de cet individualisme potentiel est circonscrite à cause du mode de vie des immigrés et de l'idéologie qui sous-tend l'émigration. Ainsi, l'ordre des priorités marquant la trajectoire de l'immigré et influençant ses actes n'est pas totalement caduc : il faut d'abord remplir son devoir envers la famille, puis aider le village. Désormais, toutefois il y a inversion des priorités, cela donne dans l'ordre : l'individu et la famille restreinte, le village et les autres membres de la famille élargie.

Les indicateurs permettant d'arriver à cette conclusion sont les moyens et le temps consacrés par les immigrés à leurs associations d'une part, et le nombre croissant d'immigrés qui font venir leurs épouses et cherchent à monter leurs propres affaires d'autre part. Ces données suggèrent que certaines analyses concernant l'immigration maghrébine ne s'appliquent pas encore à celle des ressortissants de la vallée. Abdelmalek Sayed décrit l'évolution du comportement des Algériens et constate que leurs objectifs ont changé. Il écrit à ce propos que l'Algérien :

> *"émigre non plus pour assister le groupe, mais pour s'émanciper de ses contraintes, non plus pour se mettre au service de l'objectif communautaire et selon la modalité consacrée, mais en vue d'un objectif singulier, non plus pour vivre comme autrefois parmi les autres immigrés, mais pour tenter une aventure fondamentalement individualiste"*[2]

L'aventure fondamentalement individualiste que vit l'immigré originaire du Maghreb est envisageable pour celui de la région de la vallée du fleuve dans le cadre d'une auto-

---

1 Sayad(A), Les trois âges de l'émigration en France, in Actes de la recherche en sciences sociales, n° 15, juin 1977, pp 59-81.
2 Sayad (A),op.cit. P 66.

émancipation économique, à condition de s'investir socialement dans les activités de promotion du village[1]. C'est ce qui explique que les travailleurs mauritaniens, dont la moyenne des salaire ne dépasse pas 4 000 F, investissent 33 % de leur épargne dans le cadre communautaire.

1. LES PREMIÈRES FONCTIONS SOCIO-ÉCONOMIQUES DES ASSOCIATIONS D'IMMIGRÉS

Le couple migration/développement, qui apparaît pourtant comme paradoxal, voire antinomique, est de plus en plus évoqué par certains organismes et par des "développeurs" qui s'intéressent à la région du fleuve Sénégal. Selon eux, l'émigration, qui a saigné la communauté rurale pendant des décennies, pourrait participer, par le biais des associations de migrants, au développement des régions d'origine grâce à une meilleure organisation technico-financière.

Cette approche montre l'importance du rôle que pourrait jouer la société civile dans un domaine réservé à un État bureaucratique et peu efficace. Sans minimiser l'importance des transferts financiers des migrants, il est important de centrer la réflexion sur le rôle éducatif, novateur des actions des associations d'immigrés et sur la dynamique qui en résulte. La double légitimité dont bénéficient les responsables d'association leur permet de se lancer dans des actions de transformation sociale. Ils utilisent une méthode progressive pour sceller et renforcer les liens avec le village d'origine. Cette démarche n'empêche pas toujours les luttes de pouvoirs entre villageois et immigrés, cependant, elle limite ses effets négatifs sur la réalisation et le fonctionnement du projet. De ce fait, le risque de marginalisation des immigrés par rapport aux projets qu'ils instaurent au village reste exceptionnelle. Il est plus juste de parler d'acceptation, de naturalisation de l'innovation par les villageois ayant la charge de gérer et de faire fructifier les projets. Le lien social est une variable importante dans les mécanismes de persuasion utilisés par les migrants pour aplanir

---

1 L'immigré arrive à épargner environ 58% de ce qu'il gagne mais n'en conserve que 25% à titre de réserve personnelle.

les contradictions entre eux et les notables des villages. Il se mesure par les envois d'argent, les contacts permanents (cassettes audio et lettres) pour donner des nouvelles de la communauté et recevoir celles du village. Nous avons évoqué dans le chapitre précédent les bénédictions envoyées après chaque prière aux immigrés qui ont empêché le village de sombrer dans la famine pendant les périodes de grande sécheresse dans la vallée. Cet élément indique que l'efficacité de l'action d'une association dépend de sa composition sociale et de son capital social au village.

Les projets d'immigrés qui suscitent toujours au début certaines réticences de la part des notables sont ceux qui touchent au foncier. Mais le contexte socio-politique de la Mauritanie, les pratiques sectaires du pouvoir à travers la nouvelle réforme foncière facilitent considérablement la tâche des organisations des migrants qui s'imposent comme une alternative face aux appétits des hommes d'affaires désireux d'obtenir de plus en plus de terres. Ainsi, des associations d'immigrés ont pu obtenir de la chefferie et des propriétaires fonciers des terres pour les aménagements de surface qui profitent à l'ensemble de la population villageoise.

Pour une association de migrants, il est politiquement suicidaire de se lancer dans une opération de développement dans sa région d'origine sans avoir au préalable obtenu une reconnaissance sociale. Ce n'est pas un hasard si les immigrés ont d'abord consenti des sacrifices pour construire des mosquées. A l'époque, cet investissement était compatible avec les attentes locales. Depuis quelques années, comme le montrent les enquêtes menées dans le cadre de l'Institut Panos[1] sur les trois pays du fleuve Sénégal, auxquelles nous avons participé, les demandes des villageois sont essentiellement d'ordre socio-économiques.

---

1 Dans le cadre de l'étude Immigration et Développement, Christophe Daum et moi-même avons réalisé une série d'études de cas dans huit villages du Mali et du Sénégal.

Les investissements sociaux

Il faut toujours situer les attentes dans le contexte social et culturel de l'époque pour éviter de reproduire les mêmes clichés lorsqu'on parle de l'action des migrants.

La mosquée, lieu de prière et de méditation, est aussi, malgré les dénégations des migrants, une institution à vocation idéologique dans le cadre de l'immigration. Elle joue un rôle dans l'organisation villageoise. Participer à sa construction marque un renouvellement d'allégeance au terroir et aux valeurs de la société. Ceci explique aussi pourquoi les associations d'immigrés accordent une importance au rapatriement du corps des morts. Indépendamment de la dimension affective, des considérations magico-religieuses font que pratiquement toutes les associations de migrants prévoient dans leur budget une part consacrée aux mesures à prendre en cas de décès d'un ressortissant de la communauté.

L'approfondissement de l'analyse des investissements indique certes l'évolution des mentalités au sein de l'immigration, mais aussi les décalages entre le volontarisme des immigrés et la rationalité économique. Cependant, les ratés sur le plan économique ne sont pas menaçants pour l'équilibre de la communauté et pour sa réceptivité tant qu'ils n'entraînent pas l'annulation des objectifs collectifs et la détérioration du système symbolique. La viabilité des projets ne peut souffrir d'une longue période d'incompatibilité avec les règles du jeu au village. L'oubli de ce principe est à l'origine des différents réajustements auxquels nous assistons. L'analyse de chaque type d'investissement renvoie à une dynamique de la société rurale.

Les données recueillies auprès d'une dizaine d'associations mauritaniennes (Tableau ci-après) montrent la nature des investissements, la provenance des sommes investies de 1975 à 1983.

Nous constatons d'après nos questionnaires que seules trois associations n'ont pas investi dans la mosquée. L'une d'entre elles, celle de Sagné Dieri, est une association tournée principalement vers le développement. Les deux autres n'ont pas construit de mosquée, elles se sont contentées de restaurer et d'équiper celles qui existent.

Destination des ressources	Sommes investies	% du total	Apports extérieurs
- Mosquées	2 120 000 FF	22 %	
- Ecoles	2 215 000 FF	23 %	
- Santé (pharmacie et centre médical)	2 873 300 FF	28 %	410 000 FF soit 14 %
- Projets agricoles	2 620 000 FF	27 %	350 000 FF soit 13 %
TOTAL	9 828 300 FF	100 %	760 000 FF soit 27 %

Les dépenses pour la construction des mosquée représentent environ 22% des investissements des immigrés. Une telle somme peut apparaître comme un gâchis sur le plan financier pour un esprit obnubilé par la rationalité et la rentabilité économique. Cet investissement fut pourtant déterminant pour la réussite des actions suivantes des immigrés.

Les problèmes liés à l'éducation et à la santé mobilisent de plus en plus de travailleurs immigrés. Ces derniers sont persuadés, indépendamment de l'effet de mode ou de mimétisme, que la construction des écoles et des dispensaires constitue des atouts considérables pour le développement du village. Mais cela suffit-il pour expliquer que 51% de l'argent investi par les immigrés aille dans un secteur que les populations considèrent comme relevant du domaine exclusif de l'État ?

Il faut rappeler que pendant longtemps l'école a été dévalorisée car sévèrement concurrencée par l'émigration. Progressivement, il s'est produit une transformation de l'image de l'école qui devient un objet d'attente, car elle apparaît de plus en plus comme la porte unique de la réussite. L'école est aussi un symbole de progrès et d'émancipation qui permet à l'homme accompli d'avoir accès à l'autorité et au pouvoir.

L'enclavement de nombreux villages pendant la saison des pluies et l'absence d'infrastructure routière créent énormément de difficultés aux villageois qui doivent se déplacer pour obtenir des soins dérisoires dans des localités éloignées de leur domicile. Les immigrés rencontrent quotidiennement ces problèmes à travers leur famille et décident aussi d'investir dans ce domaine pour éviter à la population de longs et coûteux déplacements. Après avoir connu quelques déconvenues, ils ont compris que l'école et le centre de santé ne peuvent être fonctionnels en Mauritanie qu'avec l'aval des autorités publiques[1] qui fournissent le personnel.

Construire un dispensaire et disposer d'un personnel médical ne suffisent plus, les migrants doivent aussi résoudre le problème de l'approvisionnement et du coût des médicaments En effet, depuis 1983 l'État n'a plus le monopole des dépôts pharmaceutiques et l'approvisionnement sur le marché international est assuré par des grossistes. Ces derniers, profitant de leur hégémonie sur le marché, vendent les médicaments aux détaillants à un prix élevé. De ce fait, comme le souligne un document du ministère de la santé,

"les médicaments restent inaccessibles pour la très grande majorité de la population"[2].

Cette situation, aggravée par la prolifération anarchique des officines privées, amène les associations d'immigrés à créer des pharmacies villageoises. Nous constatons que ce type d'initiative se développe rapidement en Mauritanie dans les zones d'émigration. Cela est dû, entre autres, à la capacité d'épargne des immigrés. Les expériences accumulées par les migrants dans d'autres types de projets expliquent aussi de comprendre les différences de comportement observées entre villages d'émigration et villages sans émigrés. Ces derniers dépendent davantage dépendent de l'État et des O.N.G.

Après ces deux types d'investissement, les immigrés s'orientent de plus en plus vers les aménagements de surface et

---

1 Au mali, les immigrés peuvent embaucher du personnel médical.
2 Plan Directeur 1991/1994, Ministère de la santé et des affaires sociales, Nouakchott, Avril, 1991, p 29.

les projets agricoles collectifs. Cependant, ce genre d'activité exige non seulement beaucoup d'argent, mais aussi un encadrement technique et des compétences que n'ont pas encore les associations de migrants. D'ailleurs, dans ce domaine les associations d'immigrés ont des divergences avec quelque uns de leurs partenaires qui cherchent au nom d'une approche techniciste du développement à leur imposer un modèle.

Il arrive parfois aux associations, à cause notamment du volontarisme de leurs dirigeants, de sous-estimer la dimension politique et technique fondamentale pour la réalisation d'un projet. Il existe tout un contexte socio-économique dans le pays d'origine que les immigrés ont intérêt à prendre davantage en considération dans l'élaboration de leurs projets.

La recherche permanente des associations de migrants d'une amélioration des conditions de vie au village (meilleure instruction, bonne hygiène) et la généralisation des projets économiques sont des indices d'attitudes nouvelles tournées vers le progrès social. Mais comme nous le montrons dans nos études de cas, dans toute stratégie mise en œuvre pour réorienter le changement socio-économique, surgissent des difficultés que la meilleure des volontés ne peut contourner.

L'évolution des mécanismes de régulation des sociétés rurales ne se fait pas sur commande. Elle nécessite beaucoup de doigté et de méthode. Cet impératif entre si peu souvent dans les préoccupations des acteurs qui interviennent auprès des populations rurales, ces derniers ont tendance à décider seuls, sans consulter les communautés locales. L'argument mit en avant pour évacuer ce type de problème reste la sempiternelle incompétence technique et politique des paysans dans la gestion des projets. Des responsables d'associations commencent à se démarquer de l'approche passive qui fait des populations des assistés ou les instruments d'une politique à la formulation de laquelle elles n'ont pas été associées. Ils considèrent au contraire celles-ci comme des partenaires responsables, qui doivent participer activement aux projets concernant le village. Ils entreprennent notamment une action de réhabilitation des activités économiques au village. En investissant, en prônant un "développement villageois", les associations de migrants cherchent à redonner confiance et espoir à leur communauté. Car l'émigration traduit aussi le manque de confiance d'une société qui doute de ses capacités à résoudre elle-même ses problèmes.

2. ÉTUDES DE CAS

Comme moyen d'investigation et d'analyse, les études de cas ont l'avantage d'insister sur des faits ou d'illustrer certaines activités qu'une analyse générale a tendance à diluer.

Nous avons eu des entretiens avec les responsables de deux associations, sur la genèse de leur organisation, les réalisations et l'apport de leurs partenaires. Une enquête dans deux villages du Gorgol et du Guidimakha complète notre démarche.

Les études de cas décrivent comment des immigrés s'organisent pour intervenir efficacement et créer ainsi les conditions favorables au développement de leur village.

Rappelons que les processus ayant conduit au modèle associatif moderne ont provoqué de nombreux conflits, car ils favorisent des comportements opposés à la logique des hiérarchies sociales traditionnelles. Résolues à l'amiable, ces crises renforcent la position des partisans d'une association de développement forte qui transcende tous les particularismes sociaux.

Le point commun des deux associations que nous étudions se réduit au volontarisme de leurs leaders. Elles diffèrent sur des aspects fondamentaux : leur mode de légitimation, le système de référence et les objectifs.

La première, celle de SAGNE Lobaly utilise l'espace social villageois comme stimulant et comme finalité de l'action des immigrés. Ce type d'association reste le plus répandu chez les ressortissants de la vallée.

Le deuxième cas nous semble plus atypique. A notre connaissance, c'est la seule association mauritanienne de développement dont les adhérents proviennent de villages et d'ethnies divers. Son fondement ne repose pas sur des sentiments d'appartenance, mais sur les intérêts que les immigrés peuvent retirer d'une action collective.

Les promoteurs de cette association sont convaincus que, guidés par une logique organisationnelle différente de celle des associations villageoises, les migrants peuvent rentabiliser leurs investissements dans certains secteurs.

Ce type d'association va t-il se généraliser et supplanter les organisations classiques des immigrés ? L'hétérogénéité villageoise, dans la mesure où elle supprime toute pression de la communauté d'origine, ne constitue-t-elle pas paradoxalement un handicap ?

Contrairement à certains, nous ne pensons pas que la nature de l'organisation soit secondaire par rapport aux problèmes auxquels sont confrontés les immigrés. Nous affirmons même que c'est l'un des nœuds de la question. Il s'avère que la réussite des relations de partenariat et d'aide implique au moins une compatibilité des associations avec des objectifs de développement.

2.1 SAGNE : une association pour le progrès et le développement

Aux alentours de 1900, des Peuls dénianké ont fondé au bord du fleuve Sénégal, Sagne un village halpularen où le système d'activités exercées dans le cadre de la famille comprend principalement l'agriculture, l'élevage et la pêche.

Comme de nombreux villages de la Mauritanie, Sagne est tributaire des aléas climatiques. La dégradation progressive de l'environnement écologique et les défaillances du système de production accentuent la désaffection des jeunes pour le travail de la terre, de l'élevage et suscitent un découragement quasi-général de la population vis-à-vis de l'agriculture.

La tentation d'aller chercher ailleurs ce que l'on ne trouve pas chez soi est forte, souvent dans ces circonstances. Ainsi, que cela soit par le biais des migrations saisonnières dans les bassins arachidiers ou de l'immigration en France, les Sangobés doivent s'expatrier pour se procurer les moyens qui permettent à leur communauté de survivre.

C'est le début d'une histoire tumultueuse, parfois dramatique entre le village, ses migrants et la France. Histoire jalonnée par des retours périodiques d'immigrés qui ont réussi, histoire marquée par des ruptures, des deuils dans les familles. Mais c'est aussi une rencontre puis un mariage entre Sagne et une ville française, Arles, grâce à un jumelage coopération qui s'appuie sur un véritable partenariat.

La commune de Sagne regroupe six villages d'une population de 5 350 habitants. C'est une zone d'émigration où le taux de scolarisation reste encore faible (10%) par rapport à la moyenne nationale qui se situe de 30 et 40% pour l'enseignement primaire. Dans ces régions, la rente migratoire a fortement contribué pendant des années (1955-1975) à détourner les familles de l'école.

Depuis le début des années 80, la nouvelle génération des travailleurs africains en France, à l'origine des organisations "modernes," se représente différemment l'école. Dans le chapitre IV, les raisons qui expliquent ce changement d'attitude ont été soulignées. Actuellement, grâce à leurs contributions financières, les immigrés participent à une revalorisation de l'école dans la région. En 1989, les ressortissants de Sagne ont dépensé 50 000 FF au titre de leur contribution à la construction d'un collège à Maghama, ville située à 45 km du village.

Le village dépend de plus en plus de ses immigrés, qui se mobilisent pour sortir leur communauté de la sous-alimentation et de l'analphabétisme. Mais ce type de palliatif présente des inconvénients, il incite toujours les jeunes à partir. Il provoque un déficit chronique en main d'œuvre, portant ainsi préjudice aux actions de développement, et engendre un processus de délégitimation de la famille comme cadre de production.

Dans les zones rurales, les revenus monétaires sont dans l'ensemble insignifiants. Une enquête, réalisée par les services du ministère mauritanien des finances en avril 1990, montre que 28,8 % seulement des villageois dépensent plus de 10 860 UM (800 FF) et 7,9% plus de 54 125 UM (environ 4 000 FF). Les villages d'émigration appartiennent à la deuxième catégorie comme l'attestent les études sur les transferts financiers. Les sommes consacrées à l'alimentation représentent 63% du budget familial contre 29,6% pour la consommation des biens et services. Les autres postes n'absorbent que 7,4% du budget.

L'argent des immigrés alimente les principales activités du village : le commerce et l'agriculture. Les ressortissants de Sagne en France, afin de pallier l'absence des jeunes, financent une main d'œuvre composée de groupes ethniques étrangers au village comme les Malinkés et les Haratines pour aider leurs familles pendant la saison des pluies. Deux journées de travail, payées 1987-88 300 UM[1], étaient échangées autrefois contre la nourriture et le logement.

Le commerce, un des poumons du village, contrôlé jadis par les boutiquiers Arabes, devient accessible aux femmes et aux associations grâce à une meilleure organisation et à une répartition plus efficace de l'argent des immigrés. Ainsi, toute une série d'activités impulsées de l'extérieur provoque des mutations.

Une coopérative de consommation a été créée par les migrants. Selon eux, ils arrivent par ce moyen à combattre la spéculation et à maintenir les prix dans une fourchette raisonnable. Il existe pourtant d'autres motifs inavoués. Les immigrés, à travers cette coopérative de consommation, manifestent leur volonté de contrôler les budgets familiaux qui dépendaient autrefois exclusivement du chef de la concession. Désormais, à partir de la France, ils déterminent la quantité d'huile, de savon, de sucre, de lait, de mil et de riz dont la famille a besoin. Ensuite, ils envoient un "bon de commande" au responsable de la famille à qui la marchandise doit être livrée. Une petite somme d'argent envoyée au chef de famille sert de complément. Depuis, qu'ils ont institué ce système, les migrants maîtrisent mieux les dépenses et les besoins de leurs familles.

Au cours de ces dernières années, de nombreuses transformations sur le plan architectural et social ont été effectuées à Sagne. Les cases en banco sont remplacées par des maisons en ciment, les machines à piler le mil commencent à se substituer au mortier, soulageant ainsi les femmes d'un travail extrêmement pénible.

La consommation de riz, de pain et de café importés se généralise, ce qui augmente considérablement les besoins de la famille en argent.

Les cadres de référence d'une partie de la population ont changé. Les contes et les histoires du pays, racontés jadis par les personnes âgées, constituaient une véritable source

---

1 C'est l'équivalent environ de 30 ff, en 1995, après des dévaluations successives, 300 um vaut moins de 14 ff.

d'enrichissement individuel. Aujourd'hui, ils paraissent obsolètes comparés aux histoires de certains migrants racontant "leurs exploits" en France. Le discours dominant sur l'émigration, très valorisant, apparaît, sans doute, comme le plus difficile à combattre, il s'avère plus pernicieux et moins palpable. Il relève du domaine de la production de sens.

L'autre aspect qui frappe le regard de l'étranger lorsqu'il arrive dans ce village, c'est le nombre élevé de femmes, d'enfants et de personnes âgées. Cet étonnement s'estompe dès que l'on sait qu'environ 10% de la population, composée principalement d'hommes, réside à l'étranger.

Cette saignée constitue un lourd handicap à long terme pour ce village malgré l'apport fort appréciable des immigrés sur le plan financier et organisationnel.

Pour une famille, il est toujours économiquement plus rentable d'avoir son fils en France. Ce dernier, grâce à son salaire, parvient à envoyer l'argent nécessaire pour l'achat de céréales et pour la satisfaction des autres besoins de la famille.

Ce n'est pas par goût du paradoxe que nous insistons une fois de plus sur le rôle du facteur humain dans le développement de ces régions, même si nous reconnaissons que le sous-emploi; rural demeure un élément important des causes de la migration. Nous sommes conscient aussi que de nombreuses activités dépendent de l'argent des immigrés.

Néanmoins, nous restons persuadé que, pour remédier à la situation de dépendance des villageois vis-à-vis de l'émigration, les Sangobés doivent d'abord fixer les jeunes et œuvrer pour l'inversion de certaines valeurs[1] favorables aux migrations.

Le village arrivait autrefois à contrôler ses migrants par la persistance de certaines relations sociales; il a perdu petit à petit ses défenses immunitaires à cause de la multiplicité des cadres de référence. L'association des immigrés, comble de paradoxe, commence à s'imposer comme le meilleur rempart contre la déstructuration du village, notamment par le discours et la vision que véhiculent ses leaders.

Les ressortissants de Sagne en France soutiennent toutes les initiatives émanant du village (moulins, fours à pains, transports,

---

1 Dans de nombreux villages de la vallée, il existe des chansons qui glorifient l'immigré de façon implicite, elles culpabilisent les jeunes d'un certain âge qui restent au village.

atelier) qui permettent à un groupe d'individus de rester au pays pour y travailler. Parallèlement, ils essaient de proposer à travers les actions de l'association, une autre solution aux populations que l'exil.

Pourquoi une association pour le village ?

Les immigrés de Sagne ont eu entre eux des divergences sur la nature de l'association à créer. Les problèmes étaient essentiellement liés aux blocages de l'ancienne génération qui réclamait le maintien de l'organisation traditionnelle.

L'association des ressortissants de Sagne en France est créée en Février 1982. Son objectif, selon l'un de ses responsables, consiste à "regrouper les immigrés pour faire quelque chose pour le village".

Déjà en 1960, c'est-à-dire cinq ans après les premières migrations en France de jeunes Sangobés, ces derniers créent une caisse de solidarité. Mais trois ans plus tard, les descendants "d'anciens esclaves," qui suspectaient les nobles d'utiliser l'argent essentiellement pour les besoins de la catégorie dominante, décident de quitter la caisse centrale pour s'organiser entre eux. Ainsi, en 1963, trois caisses de solidarité recoupent la topographie du village. Deux d'entre elles appartiennent aux catégories dominées dont les familles habitent les deux extrêmes du village, le centre étant traditionnellement occupé par les familles fondatrices.

Pendant quinze ans, les immigrés ont vécu cette division qui a renforcé les hiérarchies traditionnelles;. Cela est dû au fait que socialement, la revendication des descendants "d'anciens esclaves" a été perçue au village non pas comme un rejet de la domination des nobles, mais comme une sanction contre de mauvais gestionnaires. Cette attitude paraissait inacceptable à quelques notables qui fustigèrent le laxisme dont font preuve certains nobles envers les anciens esclaves au nom de la modernité.

En 1979, un groupe de "jeunes" issu des catégories dominantes se rebiffe et rejette le système de regroupement par origine sociale. Il préconise la création d'une caisse unique pour tous les immigrés. Pour être en conformité avec leur principe, il refuse désormais de cotiser à la caisse des "nobles".

C'est au bout de trois ans de négociations, de tractations, mais surtout de patience, que la fusion se fait. Toutefois, la création de l'association pour la promotion et le développement de Sagne (A.P.D.S) n'enraye pas la méfiance. Parallèlement à l'A.P.D.S, les deux caisses des descendants d'anciens "esclaves" existent toujours. Mais cela ne semble nullement gêner le fonctionnement et l'efficacité de celle des ressortissants de Sagne

Un subtil dosage dans le bureau et le prestige dont jouissent certains responsables au village se révèlent déterminants pour la consolidation de l'association. L'élection du bureau composé de quatorze membres n'est pas nominale mais collective, pour éviter, nous dit-on, de susciter des querelles personnelles ou des focalisations sur les origines sociales des postulants.

Toutes ces précautions n'ont pas empêché quelques "anciens"[1] de contester la façon dont l'association est dirigée. Ils restent convaincus que pour se prémunir contre d'éventuels dérapages inhérents au tempérament fougueux des jeunes, l'organisation doit être sous la responsabilité des "vieux". Cette nouvelle tentative de reprise en main de l'association échoue parce que leurs arguments apparaissent comme archaïques à la plupart des immigrés qui, sans aucune arrogance, montrent que la proposition des "vieux" ne correspond plus à l'état d'esprit des ressortissants de Sagné en France.

Comme le souligne l'un de nos interlocuteurs responsable de l'association, la principale difficulté avec les "vieux" est que ces derniers demeurent persuadés que l'organisation fonctionnera mieux si on la leur confie. Cette bonne foi dans l'erreur conduit certains d'entre eux à devenir intolérants. Ainsi, lors du dernier congrès de l'A.P.D.S où il y avait 65 délégués représentant les 250 adhérents, les "vieux" minoritaires voulaient imposer coûte que coûte aux 61 autres délégués un changement de bureau.

Pour éviter une cassure au sein des immigrés de Sagne, un esprit de compromis a toujours guidé la démarche des représentants de l'autre tendance. Et comme le fit remarquer un délégué, "l'essentiel est de trouver un terrain d'entente, car malgré nos divergences, nous poursuivons le même objectif,

---

1 "Vieux" ou "anciens" par opposition auxx "jeunes", au-delà de l'état civil, indique la position sociale et renvoie traditionnellement au mode de prise de décision détenu par les vieux, les jeunes étant les exécutants.

aider le village; c'est la raison pour laquelle nous n'avons jamais voulu appliquer strictement le règlement". De nombreux immigrés nous disent qu'ils ne sont pas hostiles à ce que les "vieux" dirigent l'association, mais à condition qu'ils respectent les statuts.

Ces statuts représentent aux yeux de certains "vieux" un piège dans la mesure où ils leur ôtent d'emblée l'immunité que leur conférait leur rang social, les exposant donc, comme n'importe quel immigré du village, aux sanctions prévues en cas de faute. Cela, les "vieux" "dominants ou domines" avaient du mal à l'admettre en privé.

La compréhension à l'égard de récalcitrants n'exclut pas la fermeté. Le bureau refuse par exemple de céder au chantage du retrait. A la suite de différends, il est arrivé que des "vieux" quittent l'association, mais au bout de trois mois, ils sont revenus, après avoir payé une forte amende et toutes leurs cotisations.

Cette guérilla cessa avec les premières réalisations dans le domaine religieux. Pour la construction de la mosquée en 1982-83, les immigrés parviennent, grâce à une participation exceptionnelle de 1800 FF chacun, à réunir une somme de 435 374 FF. Cette action provoque une explosion de joie au village où les notables s'épanchent en louanges sur le sens de la responsabilité des membres du Féddé (association).

Si on retrouve une certaine harmonie chez les immigrés, en revanche le village est divisé sur le choix du futur chef traditionnel de la communauté. Ces rivalités se répercutent sur le choix de l'Imam et paralysent toutes les activités au village, car il n'y existe plus d'autorité reconnue.

Les immigrés gardent une certaine neutralité pour jouer un rôle de médiateur. Ils envoient plusieurs émissaires au village pour tenter de rétablir le dialogue entre les différentes parties. Ils résistent aux injonctions de leurs familles impliquées dans le conflit, parce qu'ils savent que rien d'efficace ne peut être entrepris dans un village divisé.Pour donner leur caution au compromis trouvé après deux ans de négociation, ils allouent une somme de 5 000 FF à ce qu'ils appellent les cérémonies de réconciliation. Les notables du village donnent un caractère solennel à leur rencontre, en invitant de grands marabouts de la confrérie des Tidjanes pour prêcher la bonne parole. Ce rôle de régulateur montre que les immigrés ne sont ni marginalisés, ni en dehors du champ socio-culturel de leur société, ils restent encore au cœur du village comme médiateurs et intermédiaires.

Leur méthode de travail privilégie beaucoup la concertation entre les adhérents sur les problèmes qui touchent la communauté. Pour favoriser une plus grande participation des immigrés de Sagne, l'association a créé trois commissions chargées de s'occuper de la santé, de l'agriculture et de l'éducation. Lorsque le bureau propose un projet, il revient à la commission de trouver les personnes qualifiées pour mener l'étude. Avant la réalisation du projet, la commission entre en contact avec les villageois pour aplanir les difficultés ou d'éventuels malentendus.

Les migrants de Sagne sont désormais conscients que la réussite des activités socio-économiques, leur continuité dépendent au moins de deux facteurs. Il faut d'une part créer une dynamique villageoise qui puisse s'approprier toutes les actions impulsées de l'extérieur ; d'autre part, l'association doit trouver des partenaires qui acceptent de s'impliquer concrètement dans le développement du village.

Un jumelage-coopération

Comme la plupart des associations mauritaniennes en France, celle de Sagne ne bénéficie d'aucune subvention. Sa seule source de financement provient des cotisations individuelles qui s'élèvent à 20 FF par mois. L'association pour le progrès et le développement de Sagne compte 200 adhérents. La réalisation de projets coûteux comme ceux de la mosquée, du centre médical, du collège exige des contributions spéciales pouvant atteindre 2 000 FF par adhérent.

Les limites financières et techniques de l'association et le besoin des immigrés de Sagne de s'ouvrir, de favoriser le rapprochement entre leur village et d'autre communautés les ont amenés à déposer une demande de jumelage coopération à la fédération mondiale en 1985. Après moult contacts et démarches, Sagne réussit son examen de passage. La ville d'Arles qui a posé sa candidature au sein de cette fédération reçoit en effet la proposition de participer au développement de Sagne. L'association des ressortissants de Sagne, qui fut l'un des artisans de ce précieux jumelage, continue de jouer un rôle déterminant pour le maintien de rapports durables et positifs entre les partenaires (Sagné et Arles). Les responsables ont su nouer des relations de confiance avec ceux du comité de jumelage d'Arles. De part et d'autre, aucun effort n'a été ménagé pour expliquer aux populations concernées le sens de ce jumelage. En 1985, le comité de jumelage d'Arles a organisé des journées sur Sagne. Des conférences ont été organisées dans différents lycées et écoles professionnels pour présenter aux Arlésiens le mode de vie et la culture des habitants de Sagne. Les intervenants ont fait remarquer que la population de Sagne attend certes beaucoup de la ville d'Arles, mais qu'elle a aussi des choses à offrir et à faire découvrir aux Arlésiens. Au village, l'association des immigrés s'est chargée d'expliquer à la population que le jumelage, c'est comme la construction d'une maison familiale. Chacun doit y participer en fonction de ses moyens. Il faut préciser que les villageois et certains migrants avaient tendance à réduire le rôle de la ville d'Arles à celui d'un bailleur de fonds. Ces deux campagnes d'explication, qui obéissent à des logiques et à des préoccupations différentes, ont été bénéfiques au jumelage-coopération entre Sagne et Arles. Elles ont provoqué une réelle dynamique dans ces deux localités.

Le jumelage-coopération entre Sagne et Arles est surtout intéressant par la démarche qu'il propose. Le fait que les Arlésiens ne manifestent aucune volonté d'hégémonie nous paraît fort remarquable. En effet, ces derniers ne cherchent à se substituer ni au comité de jumelage de Sagne, ni à l'association des immigrés. Il s'est instauré une coopération triangulaire dans laquelle les immigrés occupent une place charnière grâce à leurs contacts privilégiés avec les deux parties. Cela ne signifie pas que les deux comités de jumelage n'entretiennent pas de relations directes suivies. L'omniprésence des migrants comme courroie de transmission est due à leur apport financier et à leur volonté de participer au développement du village.

Cette coopération triangulaire a produit des effets positifs dans la perception des relations et des attentes. Ainsi le bureau du jumelage de Sagne, composé d'hommes et de femmes[1], a

---

1 Cet aspect mérite d'être souligné, car c'est la première fois que des hommes et des femmes s'organisent ensemble dans un même cadre.

décidé, à l'initiative de ces dernières, de déclencher une campagne d'information sur l'hygiène et la prévention. Pour pouvoir se déplacer facilement et transporter certains produits, les femmes se sont dotées d'une charrette. Elles sollicitent aussi, lorsque c'est nécessaire, la participation du comité de jumelage d'Arles. Quant à l'association des immigrés, fidèle à son principe d'encourager et de soutenir toutes les initiatives locales, elle exige de ses adhérents une cotisation individuelle de 100 FF pour soutenir l'action des femmes. Une réelle dynamique se développe pour participer à la promotion socio-économique du village et neutralise les divergences voire conflits qui auraient pu naître de la multiplication des structures. Par exemple, l'association des jeunes vivant à Sagné, créée le 24 mars 1985, se présente comme un relais entre les villageois et les immigrés et comme une réserve de main d'œuvre à laquelle les femmes peuvent faire appel en cas de nécessité. C'est en son sein que sont choisis les candidats à une formation pour un métier.

L'association des migrants et le comité de jumelage souhaitent, pour une plus grande efficacité des projets, que l'encadrement local soit de plus en plus qualifié. Ils estiment que former un personnel local est à long terme moins coûteux que de payer les services d'un privé pour réparer une motopompe. En 1986, quatre personnes ont été envoyées en formation. Le premier, un jeune d'une vingtaine d'années a suivi un stage de trois mois dans une ville mauritanienne pour apprendre à faire fonctionner et à réparer les motopompes. Il a aussi bénéficié de quelques cours pratiques sur la gestion des périmètres irrigués villageois. Cette formation a été financée par le comité de jumelage Arles-Sagne.

Les habitants de Sagne, comme tous les autres riverains, buvaient l'eau du fleuve malgré les risques. Dans ce domaine aussi on note un changement dans les comportements. L'eau des puits que les gens du fleuve ont toujours trouvée fade n'irrite plus leur palais, ils l'apprécient même fort bien. Les immigrés et certains villageois sont à l'origine des nouvelles attitudes constatées. Les premiers, en dépensant 70000 FF pour creuser des puits et les faire recouvrir afin que l'eau reste potable, ont offert une alternative. Les autres, grâce à cette réalisation, ont su montrer les inconvénients de l'utilisation de l'eau du fleuve en toute saison. Ils ont mis aussi l'accent sur les avantages qu'on peut retirer d'un puits (eau potable, maraîchage). On constate une augmentation sensible du nombre de puits (15) autour desquels se développent des cultures maraîchères. Pendant les périodes favorables, la production de salades, carottes, pommes de terre, choux, oignons est abondante. Mais l'état des routes et la distance constituent des obstacles qui empêchent les femmes d'écouler convenablement leurs produits dans les grandes villes. Comme elles ne disposent pas de moyens de conservation, elles se voient obliger de brader leurs produits. Les rendements économiques dans ce domaine restent encore modestes. Le maraîchage est considéré en Mauritanie comme une activité d'appoint qui permet à la famille de se procurer des légumes frais entre novembre et mars et aux femmes d'obtenir un revenu. L'association des immigrés ne peut se substituer ni à l'État, ni aux acteurs principaux qui sont les villageois. C'est pourquoi elle ne cesse de solliciter les différentes parties concernées pour entreprendre des actions conjointes. Elle est à l'origine de la coopération triangulaire Arles-village-Immigrés qui satisfait tous les partenaires. Lorsque les migrants prennent l'engagement de doter leur village d'un centre médical, ils en discutent avec leurs amis d'Arles qui les aident à trouver le financement. L'association des immigrés assure 64 % du budget soit 160 000 FF, le ministère de la coopération donne 49 544 FF tandis qu'Arles et les écoles de la ville versent à titre de participation 24 326 FF. Quant à la communauté villageoise de Sagne, elle s'engage à prendre en charge les travaux de terrassement qui s'élèvent à 15 850 FF.

La philosophie de cette coopération part du principe simple que chacun peut apporter quelque chose pour la réalisation d'un projet. Elle fait appel aux ressources matérielles et physiques de tout individu, car dans nos villages, nous ne pouvons pas encore nous offrir le luxe de nous en passer. Au lieu de mythifier la société traditionnelle ou de la condamner, les partisans de cette coopération préfèrent s'appuyer sur les potentialités positives du village pour accompagner les changements nécessaires. Car comme l'écrit Albert Tevoedje :

> " la culture traditionnelle s'exprime en une éducation qui façonne très précocement l'existence de ceux qu'elle imprègne, de sorte que les apports modernes, représentent non seulement des semences jetées dans un

champ en friche, mais des branches greffées sur un arbre encore plein de vigueur"[1].

2.2 A.D.A.E.S.D.T.M.F : une association pour le développement de l'agriculture et de l'élevage à SAGNE DIERI

L'association pour le développement de l'agriculture et de l'élevage à Sagne Diéri des travailleurs mauritaniens en France (ADAES D.T.M.F) a été créée en février 1983 à Paris. La dénomination de l'association montre déjà explicitement quels sont les objectifs visés. Contrairement aux autres organisations, où les mots progrès, promotion sociale et développement villageois sont des slogans, l'association de Sagne Diéri semble bien maîtriser son domaine d'intervention.

Il faut rappeler que les travailleurs immigrés de la RIM, qui appartiennent tous à des associations villageoises, avaient du mal à se libérer des contraintes du localisme. Certains militants de l'union des travailleurs mauritaniens en France ont cherché à dépasser ce cadre restreint en proposant un modèle alternatif.

Le désir de certains migrants de tenter autre chose, tout en continuant à travailler activement dans les associations villageoises classiques, se heurte toutefois au problème foncier. Rappelons à ce propos que la terre demeure un des piliers du pouvoir dans les sociétés halpularen et soninké. La solution fut trouvée grâce à la bonne volonté d'un ressortissant de Sagne Diéri qui proposa à l'association soixante hectares. Ce type de proposition reste très exceptionnel dans une région où les perspectives de l'après barrage engendrent des convoitises et une méfiance légitime des propriétaires fonciers. Pour comprendre comment une telle opération a pu se réaliser, on doit donc analyser la composition sociale de la population villageoise.

---

1 Tevoeje (A), Décoloniser l'Afrique, Demain l'Afrique, n° 50, février 1990, P 15.

Implantation et fonctionnement du projet

C'est une zone habitée par des Peuls sédentarisés, sans grande tradition agricole et qui privilégient l'élevage. Toutefois, dans ce domaine aussi les comportements sont en pleine mutation à cause de la sécheresse qui a décimé le bétail et des espoirs que suscite l'après barrage. Contrairement aux cultivateurs de la vallée pour qui la terre reste un vecteur important de l'organisation sociale, les Peuls semi-nomades attachent une plus grande importance à la possession du bétail: principale source de prestige et de richesse pour eux. Ceci explique pourquoi le jeune Peul préfère émigrer vers d'autres villages où il loue ses services comme berger plutôt que de s'adonner au travail de la terre.

Le village de Sagné Diéri se trouve à deux kilomètres du fleuve et à une cinquantaine de kilomètres de la capitale régionale Sélibaby. L'agglomération de Sagne Dieri, qui regroupe quatre villages, compte environ 1500 habitants. Une fois la question du site résolue, les immigrés ont formalisé la nature de leur organisation. Ils optent pour un regroupement pré-coopératif qui a pour objet :

> *"de participer aux actions économiques, sociales, entreprises dans le cadre du développement national et dans la gestion des ouvrages réalisés par l'État ou avec sa participation"*[1].

Cette formule intègre d'emblée, dans les objectifs et le fonctionnement de l'association, ses rapports avec l'État ; elle précise aussi la nature de ses relations avec les populations dont dépend la réussite des projets.

Chaque Mauritanien est tenu lors de son adhésion de verser 2 000 FF non renouvelables. Il doit aussi s'acquitter d'une cotisation mensuelle de 200 FF et envisager de suivre des sessions de formation organisées par le Groupe de Réalisation pour le Développement Rural dans le tiers-monde (G.R.D.R.). Pendant six mois, les responsables de l'association se sont réunis avec des personnes et des associations ayant eu des

---

1 Préambule statuts, février 1983, P2.

expériences dans les projets de développement. Ensemble, ils ont cherché à cerner les causes de l'échec des projets réalisés par des migrants au Mali et au Sénégal. En 1984, une mission d'étude du G.R.D.R. s'est rendue à Sagne Diéri pour préparer sur le plan technique le bon déroulement du projet. En 1984-85, trois immigrés ont suivi des cours de formation dans cet organisme dans la perspective de rentrer au pays. Par ces multiples démarches, les migrants espéraient éviter les erreurs déjà commises par certains de leurs pairs. Ils sont conscients que contrairement aux associations villageoises classiques, la vie de leur organisation dépend de ses résultats. C'est en effet la seule organisation qui, de façon explicite, évoque la répartition du bénéfice. Dans les statuts ils ont prévu que les excédents nets de l'exercice financier constitués par la différence entre les produits et les charges devraient être répartis comme suit :
- 35 % pour un fonds de réserve destiné à augmenter les ressources du groupement.
- 50 % répartis entre les adhérents au prorata des opérations.
- 15 % réservés aux organismes de prêts.

Toutefois, l'un des objectifs prioritaires de l'association demeure la création de conditions favorables au maintien des jeunes au pays et au retour des migrants. Ce souci des membres de l'association n'est pas un argument alibi pour recevoir une aide de la part des O.N.G. . Il s'est déjà concrétisé par le retour de cinq immigrés.

Le parcours syndical de certains membres de l'organisation s'est avéré utile pour la constitution d'un vaste réseau de soutien à l'ADAESTMF. Rapidement, l'association a pris langue avec des O.N.G. Elle a tissé des relations avec la fondation de France, le Comité Catholique contre la Faim et pour le Développement et avec la ville de Mons en Baroeuil dans le cadre de la coopération décentralisée.

En 1985-86, le financement des projets provenant de la cotisation des migrants et de leurs partenaires se répartissent comme suit :

Fondation de France	160 000 FF
La mairie de Mons en Baroeuil	50 000 FF
Cotisation des immigrés	198 000 FF

Afin de faciliter l'insertion des cinq volontaires, l'association leur construit des maisons à Sagne Dieri et leur accorde à chacun une parcelle de 0,25 hectares. Pour mettre en valeur leurs terres, ces anciens immigrés ont aussi le droit d'utiliser le matériel de l'organisation.

En 1986, sur les soixante hectares disponibles, les immigrés n'en utilisaient que vingt. Ils sollicitent l'appui d'une O.N.G., le groupe de recherche et réalisation pour le développement rural (G.R.D.R.), un organisme spécialisé dans la formation et le suivi financier et technique. Cette première campagne, au cours de laquelle la culture du maïs est privilégiée, s'avère satisfaisante. Son coût s'établit comme suit :
- 70 000 FF dépensés pour l'appui technique du G.R.D.R.
- 70 752 FF correspondent au salaire des immigrés rentrés au pays en 1986 et aux frais que la préparation de leur retour dans de bonnes conditions a entraînés.

La première expérience s'est révélée positive sur le plan de la gestion et de la production agricole. Elle a aussi suscité un grand enthousiasme au sein des migrants. Lors de leur assemblée générale bilan, ils décidèrent d'envoyer deux des leurs pour épauler ceux qui étaient rentrés.

En 1987-88, deux immigrés retournent au village pour participer à la deuxième phase du projet. Celle-ci vise à diversifier les activités (constitution d'une banque de céréales, installation d'un atelier avicole et construction de puits).

L'association améliore son équipement. Elle achète trois machines moulins pour faire du commerce. Dans la perspective de l'extension des surfaces irrigables, les immigrés décident d'acquérir deux motopompes et deux bacs flottants, d'une valeur de 172 000 FF.

Un bilan catastrophique

Tous ces investissements n'empêchent pas les futures campagnes agricoles d'être désastreuses. Si l'on considère par exemple le bilan de la campagne 1987-1988, on constate un énorme déficit. L'association accuse une perte de 23 772,50 FF. L'une des conséquences immédiates de ces mauvais résultats est le découragement de certains adhérents. Désormais, seuls 30 immigrés sur les 60 que compte l'association s'acquittent régulièrement de leur cotisation.

RECETTES (en Ouguiyas = UM)		DÉPENSES (en Ouguiyas = UM)	
1) Hivernage : Vente de Maïs		Labour champ collectif	9 700
. Sagne Diéri	1 930	Déplacements	6 300
. Gourel Adama	2 845		
. Gourel Mamoudou	4 580	Divers	9 200
. Tagoutalla	14 630		
. 3 sacs vendus	6 000	Gasoil pompes pour irrigation	104 000
		UREE (engrais)	36 000
TOTAL	29 985 (2998,50FF)	Super phosphate	25 000
2) VENTES : Produits contre saison		Huiles, pièces détachées	
. Sagne Diéri	2 360	Frais d'entretien	84 460
. Gourel Adama	1 420		
. Gourel Mamoudou	3 705	Amortissements payés	33 350
. Tagoutalla	5 155		
. 14 sacs vendus	28 000		
TOTAL :	40 640	DEPENSES TOTALES	308 010
RECETTES TOTALES	70 625 (7062,50FF)		

Comptes de la campagne 1987-1988[1]

---

1 Nous constatons que le coût de l'irrigation représente trois fois la valeur de la recette, alors que la main d'œuvre (salaires, déplacement, divers)

Un tel bilan n'est pas seulement imputable à un problème technique ou à une mauvaise gestion des fonds.

Les experts, qui se sont penchés sur les réalisations des migrants, reprochent aux responsables de l'association de gérer à distance les projets. Selon eux, ces résultats catastrophiques étaient prévisibles, faute d'un suivi technique et financier. À la suite de différends entre le G.R.D.R. et l'association sur la place et le rôle de chacun des partenaires, cet organisme suspend son appui technique.

Le rapport au pouvoir du politique et du technique est un débat que l'on retrouve au sein des O.N.G. et des immigrés. Pour ces derniers, les O.N.G. ne doivent pas chercher à les supplanter, mais s'appuyer sur eux. L'attitude qu'adopteront les O.N.G. à la suite de ce débat sera déterminante pour le rôle qu'elles comptent jouer dans les zones d'émigration. Toutefois, nous ne pensons pas que ce soit ce type de conflits qui a provoqué les résultats médiocres du projet de Sagne Dieri.

Les causes principales des échecs se retrouvent d'abord dans la nature des relations entre les villageois, les immigrés rentrés et l'association. Pour les habitants de Sagne Dieri, le champ collectif reste celui des Arani (immigrés) qui n'appartiennent pas au terroir. Ils ne considèrent pas le projet des migrants comme étant celui du village. C'est un simple moyen pour eux de se procurer de l'argent, du mil à des prix abordables grâce à la banque de céréales. En échange des jours de travail au champ collectif, des parcelles de 0,125 hectares sont accordées aux paysans. Il est évident que dans ce cas, les paysans apportent plus de soins à leur parcelle qu'au champ collectif.

La dimension identitaire et collective fait défaut à l'association de Sagne Diéri qui ne dispose pas sur le terrain de relais socialement identifiables. Les habitants de Sagne Dieri perçoivent les projets de l'association comme une greffe. En juin 1991, lorsque les enquêteurs de Panos demandent aux villageois leurs appréciations sur les réalisations de l'association des immigrés, un quiproquo se produisit, biaisant ainsi l'enquête. Les villageois ont naturellement parlé de leurs ressortissants en France au nombre de douze ignorant

---

représente environ 33% de la valeur des recettes. Ce type de projet ne peut permettre au village d'être autonome par rapport à l'immigration.

l'A.D.A.E.S.T.M.F. autour duquel gravitent toutes les activités du village.

Fait plus grave, on constate des défaillances techniques et sociales des migrants chargés au village de gérer les projets. Leur faible niveau de qualification, leur incompétence dans le domaine technique et de la problématique de l'irrigation constituent un sérieux handicap. La bureaucratisation des circuits d'échange et de commercialisation au niveau national, l'absence de contrôle dans la gestion financière expliquent aussi la médiocrité des résultats. Les immigrés ont aussi commis l'erreur d'avoir "fonctionnarisé" leurs compatriotes retournés au village en leur versant un salaire mensuel et en leur donnant un champ en plus. Comme les autres villageois, ces immigrés ont privilégié leur intérêt au détriment de leur association, chose qu'ils n'auraient jamais osé faire dans le cadre d'une association classique villageoise. La principale erreur, en dehors des insuffisances techniques manifestes, trouve son origine dans le fait que l'organisation cherche à s'appuyer sur une dynamique identitaire villageoise alors que ses fondements ne le lui permettent pas. Produire ensemble, gérer peuvent prévaloir sur l'appartenance villageoise, toutefois cela suppose un préalable : une présence physique des membres du groupement sur le terrain. Dans le cas contraire, la motivation des gestionnaires ne peut être maintenue que grâce à l'efficacité des facteurs d'incitation.

Les responsables de l'association de Sagne Diéri s'obstinent à mettre l'accent stoïquement sur les avantages que la population locale tire des projets. Ce thème à lui seul ne peut continuer à mobiliser les travailleurs immigrés qui investissent pour obtenir des bénéfices. Même s'ils ne l'avouent pas, les immigrés sont engagés dans une logique commerciale qui n'entre pas forcément en opposition avec les intérêts de la population locale mais qui implique des contraintes et d'autres types de rapport avec la population.

Une nouvelle orientation

En 1989, lors de l'assemblée générale de l'A.D.A.E.S.M.T.F., le président s'exprime en ces termes :
"Il est difficile de dire que nous avons atteint notre but, ni de dire que nous avons échoué. Tout ce que je peux vous dire, c'est que nous avons un long et tortueux chemin à parcourir. Le fait positif, c'est que nos compatriotes ont pu se rendre compte des effets bénéfiques des cultures de contre-saison."

Si l'apport positif de l'association de Sagne Dieri se limitait à cet aspect, elle aurait certainement éclaté depuis. Les résultats médiocres de l'association ne doivent pas effacer certaines réalisations dans le domaine social. Les habitants de Sagne Diéri et des environs bénéficient d'une bonne infrastructure et profitent des projets de l'association (puits, moulins à mil, etc.). Quant aux immigrés volontaires pour le retour, ils ont réussi leur reconversion.

Tout le monde semble y trouver son intérêt sauf les principaux initiateurs. Les responsables de l'association en sont conscients. Leur discours se résume à ces mots :

"Nous allons prendre rapidement des mesures pour que les bailleurs puissent, comme les villageois et les immigrés rentrés, en tirer profit"

Pour remédier aux carences constatées dans la gestion du projet, le congrès de l'A.D.A.E.S.T.M.F. décide en 1988-89 de baisser de 60 %[1] les salaires de ses représentants au village. Ces derniers, au nombre de cinq, perçoivent désormais 500 FF au lieu de 1200 FF. Le contrôle devient plus strict; l'association envoie plus régulièrement ses émissaires au village pour suivre l'évolution des projets. Un justificatif est exigé pour toute sorte de dépenses. Elle multiplie les contacts avec les agents de la

---

1 Cette mesure semble dérisoire dans la mesure où les salaires ne représentent que 3% des dépenses. Il apparaît, d'après le bilan de l'association, que le choix d'une culture fondée sur l'emploi des engrais et de l'irrigation est une aberration. Ainsi, le coût des engrais atteint environ 80% de la valeur des recettes.

Société Nationale de Développement Rural (S.O.N.A.D.E.R.) pour obtenir des conseils.

Les migrants se sont aussi rappelé que même dans le cadre traditionnel, il existe des garde-fous pour éviter que les jeunes ne privilégient leur champ au détriment de celui de la famille. Pour réduire le hiatus qui existe entre l'association et les villageois, les responsables choisissent l'intéressement aux activités comme moyen d'élargissement de leur base au village. Ils cherchent à constituer des relais composés de jeunes qui bénéficient de quelques avantages matériels. Tant que l'association n'aura pas remporté cet enjeu, sa situation sera toujours aléatoire.

La réussite du projet de l'association de Sagne Dieri est liée à sa capacité de créer autour d'elle une véritable dynamique au village. Elle dispose de deux atouts pour gagner ce pari. Il y a d'une part les effets bénéfiques que la population retire de la présence de cette association. Les villageois savent par expérience que les échecs répétés de l'A.D.A.E.S.M.T.F. entraîneront sa disparition, ce que personne ne souhaite apparemment. D'autre part, les membres de l'association ressortissants de ce village ont les moyens d'user de leur poids social au village pour favoriser l'émergence de ce relais composé d'autochtones.

Les immigrés de l'association de Sagne Diéri continuent à cotiser mensuellement 200 FF. Ils ont foi dans leur action, sans se renier, ils cherchent à trouver un compromis avec les O.N.G. et les sociétés de développement national, pour une gestion commune des projets qui ne remettent pas en cause leur pouvoir de décision.

Depuis juin 1991, on observe des améliorations dans plusieurs domaines. Les campagnes agricoles ont été bonnes et les moulins à mil commencent à rapporter de l'argent. Toutefois l'association doit renoncer définitivement à faire de son projet un moyen de réinsertion des immigrés dans leur pays d'origine. La nature des réalisation ne le permet pas, d'autant plus que ce sont les revenus des immigrés qui les financent.

Les associations de migrants constituent de formidables outils pour la transformation sociale de la société par ses propres membres. Elles créent les conditions nécessaires pour la réappropriation par les populations rurales de leur propre devenir. Les conditions climatiques et géographiques de la R.I.M. font que l'essor économique de cette région passe par une association intelligente entre une agriculture nouvelle et une responsabilisation des paysans et des organisations d'immigrés. Certes, les pouvoirs publics ont introduit à partir de 1973 les cultures irriguées dans une région qui n'a pas de tradition hydraulique, mais comme le souligne Boubakar Bâ :

> " *les paysans mauritaniens ont-ils été au centre de la politique mise en œuvre ?*"[1]

Cette politique, instaurée dans la perspective de l'après-barrage, est-elle de nature à favoriser le développement de la région ?

Ces différentes questions nous renvoient à la problématique du développement rural et de la participation des immigrés et des populations de la vallée.

---

1 Bâ (B) in Evaluations et Perspective d'une decennie d'aménagement, Paris, Karthala, 1991, P 217.

CHAPITRE 5
LE DEVELOPPEMENT AGRICOLE DANS LES ZONES D'EMIGRATION.

Comme nous l'avons souligné dans un chapitre précédent, les zones réputées favorables à l'agriculture sont les régions où le taux de l'émigration demeure le plus élevé. Ce constat indique que celle-ci découle de la conjonction de plusieurs facteurs, parmi lesquels le sous-emploi dans le monde rural et les pressions de la communauté jouent un rôle déterminant.

Malgré la dévalorisation croissante du travail de la terre, notamment parmi les jeunes, de nombreux spécialistes continuent à penser que le développement agricole constitue la solution la plus crédible qui pourrait se substituer à l'émigration. Cette hypothèse relève du bon sens et nous ne pouvons que l'accepter, d'autant plus que des facteurs (comme la sécheresse, le risque de famine) sont continuellement évoqués dans l'explication des causes migratoires. Dans la conjoncture politique actuelle, cette possibilité souffre néanmoins d'un grand handicap pouvant altérer sa crédibilité voire son efficacité. En effet, il existe de sérieux risques d'échecs tant que l'État "bureaucratique" reste l'unique acteur du développement rural et tant que les fondements idéologiques de l'émigration persistent dans les villages. Cependant, nous nous garderons bien de faire nôtre l'analyse de Christophe Nuttal qui écrit à propos des habitants de la vallée :

> *"Il est probable que dans un autre contexte sans alternative de départ "facile", les Halpularen, contraints par des facteurs endogènes, auraient pu trouver, élaborer, créer des techniques améliorant la gestion de leur territoire et augmentant les rendements et moyens de production à l'instar d'autres sociétés qui, ailleurs, dans les mêmes conditions géo-économiques ont*

imaginé des parades techniques pour leur survie. Tel n'a pas été le cas"[1].

L'exode rural est un fléau qui n'épargne pratiquement aucun pays sahélien comme en témoigne la surpopulation des villes africaines depuis la fin des années soixante-dix. Au delà du savoir-faire local et des opportunités de départ que peuvent avoir certaines populations, il s'avère que chaque société, face aux difficultés socio-économiques, se détermine en fonction de ses caractéristiques socio-culturelles et climatiques. Il nous semble, cependant, risqué de conclure de ce constat à un renoncement quelconque des habitants du fleuve pour la recherche d'une solution interne à leur problème de survie.

L'après-barrage : un enjeu

Un appauvrissement croissant du monde rural et un processus de désertification de plus en plus important du Sahel conduisent des organismes comme le Comité Inter-Etats pour la lutte contre la sécheresse (C.I.L.S.), l'organisation des nations unies pour l'alimentation et l'agriculture (F.A.O.) et plusieurs États africains à se demander comment freiner les migrations qui déstabilisent un système de production déjà fragilisé par des années de sécheresse. De nombreux responsables politiques[2] réclament une plus grande solidarité internationale pour lutter contre une pauvreté galopante dans les pays du tiers monde.

Les pouvoirs publics riverains du fleuve Sénégal (Mali, Mauritanie, Sénégal) espèrent trouver dans les barrages de Manantalli et de Diama l'outil qui permettra à leur pays d'atteindre l'autosuffisance alimentaire et de générer des revenus pour les paysans. L'après barrage, voilà un mot magique qui fait naître dans la région du fleuve tous les espoirs (plusieurs cultures par an, possibilité de navigation durant toute l'année, électricité). Cette situation inquiète les paysans de la

---

1 Nuttal(C), in Evaluations et Perspectives d'une décennie d'aménagements, Paris, Karthala, 1991, P 86.
2 Le président du Sénégal Abdou Diouf a évoqué dans une émission l'heure de vérité (France 2) : "le cauchemar des hordes de barbares déferlant sur le sol français" pour convaincre les pays riches de la nécessité d'aider l'Afrique.

vallée et les immigrés car elle implique des repositionnements sur le plan économique et social, notamment dans la gestion du terroir. Le regain d'intérêt des migrants pour les questions agricoles indique que les populations de la vallée commencent à percevoir les nouveaux enjeux économiques liés aux barrages. Il traduit aussi la méfiance vis-à-vis d'un État soupçonné de chercher à marginaliser davantage politiquement et économiquement la communauté négro-africaine.

Cette appréhension n'est pas fortuite. Ainsi, indépendamment des arguments économiques et sociaux évoqués pour justifier la réforme foncière, Boubakar Bâ dans une étude sur les problèmes fonciers de la vallée nous livre les autres raisons développées par le Ministère de l'intérieur dans un rapport confidentiel. Dans ce texte, il est écrit que :

> *"les Halpularen tentent de déstabiliser la Mauritanie en remettant en cause son arabité. La base sociale sur laquelle se développe ce particularisme, tributaire de l'hégémonisme sénégalais, c'est la composition ethnique du peuplement local actuel, majoritairement Halpularen. En modifiant radicalement la composition du peuplement, on prive ce particularisme de toute possibilité de développement à moyen terme".* [1]

Jadis négligée par une catégorie de la population au profit de l'émigration, ignorée par l'État qui préféra axer sa politique de développement sur l'exportation des minerais de fer ou des produits de la pêche, l'agriculture devient désormais un enjeu qui aiguise les appétits et provoque des tragédies [2]. La mise en valeur du fleuve rend cette zone attractive et explosive surtout dans un pays semi-désertique où les terres arables représentent environ 1 % du territoire sur 1 040 000 km².

---

1 Bâ (B), op.cit. P 265.
2 En juin, des paysans de la commune de Néré Walo dans le Gorgol s'opposent, au prix de la vie de cinq des leurs, au préfet qui voulait les exproprier au profit de mystérieux rapatriés du Sénégal. cf Résistances Infos Mai-Août 1991.

Le couple agriculture et migration fonctionne de façon asymétrique, voire pernicieuse, pour le secteur rural. Il pose problème depuis que l'agriculture sert d'appoint aux activités économiques de la vallée qui dépendent essentiellement des revenus de l'immigration. Ceci amène des anthropologues[1] à penser qu'elle constitue un frein au développement de l'irrigation dans la vallée. A posteriori, tout le laisse supposer, surtout si on met l'accent sur les motivations et la disponibilité des jeunes pour le travail de la terre. L'interaction entre développement agricole et migration soulève des questions fort complexes, dont certaines ont été abordées dans nos études de cas. Cette alliance contre nature qui semble comme incongrue à quelques observateurs, constitue pour d'autres l'une des clefs d'un développement durable dans les zones d'émigration.

Une étude rétrospective du système de production "traditionnel" et des modes d'intervention de l'État pour l'instauration d'une agriculture nouvelle permet de faire le diagnostic du développement agricole dans les régions de fortes émigrations et d'analyser l'apport des immigrés.

1. LE SYSTÈME DE PRODUCTION

Les systèmes socio-politiques anciens avaient codifié les règles d'usage et d'exploitation de l'espace rural qui survivent encore, alors que les pouvoirs publics actuels ont édité de nouvelles législations pour supprimer le mode de tenure traditionnel. Cette réforme est censée bouleverser les rapports sociaux traditionnels et donner à l'État un pouvoir de contrôle et d'intervention. Les pesanteurs sociales et les conditions naturelles influent sur le devenir des populations du fleuve. L'eau et la terre représentent une richesse inestimable pour les habitants du Gorgol et du Guidimahka. Elles constituent un élément pour l'obtention et la consolidation du pouvoir dans le monde rural. Contrôler la terre, c'est asseoir sa domination sur des hommes, que cela soit dans le cadre de la famille élargie où

---

1 Lavigne (P.D.), La rizière et la valise, Paris, Syros, 1991. Dans cet ouvrage Ph. Lavigne montre que les effets de l'immigration, déficit de main d'œuvre, transferts financiers font que le paysan n'est pas obligé de produire à tout prix.

le chef de clan maîtrise toute la production ou dans celui des relations sociales traditionnelles.

Les rapports de parenté (relation aînés-cadets) et de dépendance ("nobles" et les autres) sont les piliers de l'organisation sociale qui englobe les relations économiques. Dans un système où la force de travail[1] prédomine comme moyen de production, la détention de plusieurs bras sous l'autorité d'un seul individu constitue un atout considérable. C'est autour des cadets et de l'unité de résidence que s'articulent les formes collectives du travail agricole et la répartition des tâches selon le sexe et l'âge.

L'unité de résidence (ka) chez les Soninké est beaucoup plus homogène. Elle regroupe des producteurs ayant leurs champs. Il existe trois types de champs : le Tekhore (champ collectif), le Saluma (champ individuel) et le Yakharinté (champ des femmes). Mais ce groupe de producteurs doit privilégier le champ collectif qui assure les produits agricoles à la famille. C'est pourquoi le plus grand nombre de jours de travail lui est consacré; c'est-à-dire cinq sur les six jours de travail hebdomadaire. Les champs individuels ont pratiquement disparu sous l'effet de l'émigration. A l'origine, ils devaient donner aux chefs de ménage les moyens de se procurer des revenus, grâce à la vente de produits agricoles.

Les Halpularen, contrairement aux Soninkés, ont des relations sociales plus souples. On constate une atomisation de la concession (Gallé) en plusieurs unités de production et de consommation (foyré). Il n'y existe plus de champ collectif pour la concession. Toutefois, l'entraide entre les différents foyers demeure une règle admise et pratiquée par les membres de la famille.

Les techniques agraires restent rudimentaires malgré quelques améliorations dans la confection des outils de travail (houe à manches longues). Pour lutter contre l'appauvrissement des sols, le mode d'exploitation reste basé sur le renouvellement naturel des ressources par un système de jachère. Les cultivateurs de la vallée pratiquent une agriculture itinérante après défriches et brûlis. La sécheresse et l'irrégularité des

---

1 Quiminal (C), Gens d'ici, Gens d'ailleurs, Paris, Christian Bourgois, 1991, p. 214- montre que l'abolition de l'esclavage a eu comme conséquence "la nécessité de trouver dans sa propre famille la force de travail".

pluies font que la période de jachère tend à se raccourcir, les paysans préférant cultiver plusieurs années de suite dans les mêmes zones, malgré les risques de saturation des terres.

Les moyens et méthodes de travail ont peu varié. La culture attelée n'a pas connu de succès à cause du rapport prix, rendements et du fait que ses apports positifs ne sont pas évidents pour les populations rurales. De ce fait, les investissements humains continuent d'être encore les éléments fondamentaux de l'exploitation agricole.

Les différentes phases de travail correspondent au débroussaillage, au parcage. L'opération la plus pénible est le semis qui nécessite la présence de quatre individus. Le premier creuse le sol avec une houe à long manche, le deuxième "y exécute rapidement un trou avec son pieu plantoir[1]" permettant l'emplacement des poquets qu'occupent des graines versées par le semeur et recouverts de sable par le suiveur. Le gardiennage devient une activité à laquelle un nombre croissant de femmes et de jeunes participent. C'est un travail exténuant qui exige beaucoup d'efforts. Les gardiens doivent crier, taper sur des ustensiles pour faire le maximum de bruit, utiliser les frondes pour éloigner oiseaux et criquets des champs. Cette période s'avère fort angoissante pour les populations qui risquent de voir en peu de temps une perspective de bonne récolte anéantie sous la ruée des prédateurs[2].

Les principales céréales cultivées dans la vallée sont le mil, le sorgho et le maïs qui constituent les aliments de base de la région. Face aux aléas climatiques, la logique paysanne traditionnelle privilégie la diversification des activités (maraîchage, commerce, migrations) pour pouvoir faire face aux périodes de soudure. Dans la moyenne vallée du fleuve Sénégal, les paysans ont la possibilité d'effectuer une double culture : le Walo (culture de décrue) et le Dieri (culture sous pluie).

---

1 Lericollais(A) et Schmitt (J), La calebasse et La houe, technique et outils des cultures dans la vallée du Sénégal, Cahiers de l'O.R.S.T.O.M., séries sciences humaines, vol xx, n°3-4, PP 247-452.
2 En 1990, les criquets ont envahi une partie de la Mauritanie détruisant ainsi les champs. Les moyens rudimentaires de lutte des paysans n'ont pu éviter le désastre.

Le Diéri[1] est une terre théoriquement plus accessible à l'ensemble de la population notamment dans la moyenne vallée. Il suffit simplement de prévenir les notables avant de la défricher. On y pratique une culture sous pluie, ce qui renforce son caractère aléatoire, notamment ces dernières années où la sécheresse a sévi. La moyenne pluviométrique[2] entre 1960 et 1970 dans le Gorgol avoisine 352 millimètres par an. Les chiffres illustrent le déficit en eau que connaît la région. Le Oualo, constitué de terres inondables dont l'accès est strictement réglementé, a les faveurs des populations de la vallée. Les crues y déposent un limon qui rend la terre fertile. Les cultures de décrues ne nécessitent pas de jachère. Elles peuvent être rentables à condition que les paysans remportent leur lutte contre les prédateurs (phacochères et oiseaux).

La région du fleuve a connu des moments où la production était excédentaire, les pâturages verdoyants, les produits laitiers abondants. C'est avec beaucoup de nostalgie d'ailleurs que les "vieux" évoquent actuellement cet "âge d'or". Cependant, cela ne doit pas occulter le fait que la vallée a été périodiquement confrontée aux pénuries à cause de son système de production et des aléas climatiques. Monique Chastanet[3], dans son étude sur les famines chez les Soninké, dénombre, entre 1858 et 1945, cinquante trois crises d'approvisionnement (plus d'une année sur deux).

Le sous-emploi rural

Dans cette zone, il existe une instabilité climatique désastreuse pour l'environnement (déforestation, disparition d'animaux comme les éléphants, lions, antilopes, etc.). Il faut rappeler que la vallée du fleuve ne bénéficie que d'une seule saison de pluie entre juillet et octobre. On observe des saisons contrastées qui occupent le temps des hommes et des femmes de

---

1 Dans le haut bassin, notamment dans la région du guidimahka, les cultures sous pluie sont prépondérantes, car les cultures de décrue sont fort réduites.
2 Source Asecna, Nouakchott, Février 1984.
3 Chastanet (M), Les crises de subsistance dans les villages soninkés du cercle de Bakel de 1858 à 1945, Cahiers d'études africains XXIII, 1983, P 37.

façon inégale. Ce constat conduit les socio-économistes à mettre l'accent sur le sous-emploi que génère le système de production traditionnel. Nous l'avons nous-mêmes souligné comme l'un des facteurs qui incitent les jeunes à quitter rapidement le village. Il est cependant nécessaire d'expliquer ce que recouvre le concept de sous-emploi dans une activité qualifiée d'agriculture de subsistance. Au préalable, nous tenons à préciser que nous utilisons les termes d'agriculture de subsistance dans la vallée par opposition aux cultures d'exportation (arachide, coton).

La réalité socio-économique dans la vallée correspond, dans de nombreux cas, à celle qui est décrite par Ph. Contry, avec un secteur intermédiaire entre l'économie de subsistance et l'économie de type moderne, l'économie de subsistance impliquant selon Philippe Contry

"l'autonomie maximale et la monétarisation minimale". [1]

Pour de nombreux observateurs, le sous-emploi constitue un obstacle à l'application d'une véritable politique de développement durable. Avant de discuter cette observation, précisons que le sous-emploi est un concept qui fait référence aux normes et aux contraintes des sociétés industrielles. Ces normes mettent l'accent sur les notions de temps et de productivité,

"d'individualité dans l'exercice du travail, de régularité dans son accomplissement et souvent de rétribution par un salaire" [2].

Les activités sont réglementées selon les législations sociales en vigueur, le nombre d'heures de travail à effectuer défini. Le sous-emploi fait appel au travail à "temps plein", à une "sous utilisation des capacités ou de la qualification", à une "productivité anormalement faible" [3].

Dans les sociétés rurales du fleuve, le travail est un système d'activités exercées dans le cadre de la famille ou du village. Il

---

1. Contry (PH), La structure des économies de savane, Cahiers de l'O.R.S.T.OM., séries sciences humaines, V2, 1968.
2. Loaiza (J.B), Sous-emploi rural et Emploi non agricole dans les campagnes, in Mutation des campagnes, Paris, C.N.R.S., 1981.
3. Raulin(H), Raynaud (E), L'aide au sous-développement, Paris, P.U.F., 1980, P 115.

est fonction de la période, du nombre dans la concession de personnes aptes à participer aux travaux. L'utilisation des salariés agricoles est un phénomène nouveau lié à l'émigration massive des hommes.

Le caractère saisonnier du travail conduit à penser que le sous-emploi est une caractéristique de l'économie de la vallée. Il faut noter que les habitants de cette région consacraient aussi une bonne partie de leur temps à la chasse, à la pêche et aux compétitions intervillageoises (lutte). Le rythme du travail correspondait aux besoins et aux contraintes climatiques. Dans cette zone, on distingue cinq saisons liées à divers types d'activités.

- L'hivernage s'étend de juillet à octobre. C'est pendant cette période que les cultures sous pluie (Dieri) se font. Le temps de travail dépend de la pluviosité, des superficies cultivées et du nombre de bras d'une famille. On constate dans les zones d'émigration une forte diminution du temps de travail à cause de la sécheresse, mais aussi des effets de l'immigration.
- Le "Kawlé" va d'octobre à novembre. C'est la période où, après le retrait des eaux sur les terres inondables, les paysans commencent les travaux. Mais de nombreux paysans ne disposent pas de terres, car celles-ci sont monopolisées par les familles nobles. Une frange importante de la population se voit donc exclue des activités agricoles pendant cette période. L'intensité du travail dépend des crues et des pratiques des propriétaires fonciers qui peuvent louer leurs terres moyennant la moitié des récoltes (rampétien).
- La saison fraîche, de novembre à février, est une période de faible activité réservée au maraîchage que pratiquent essentiellement les femmes.
- La saison sèche, de mars à avril, est consacrée aux travaux de réfection. Elle coïncide avec la période où on laisse la liberté aux cadets de se rendre à Dakar ou à Nouakchott pour recevoir de l'argent de leurs frères se trouvant en France. Cet argent leur permet d'acheter des habits pour la famille et du matériel de construction.
- "Déminaré", de mai à juillet, annonce la période des pluies, des vents. C'est le moment où l'on prépare les travaux des champs.

Le temps de travail est socialement et climatiquement imposé. Ainsi, il existe des périodes où les paysans ont un emploi du temps surchargé. Toutefois, la caractéristique du système traditionnel réside aussi dans le fait que le temps de travail nécessaire à la production n'est pas comptabilisé. Chaque chef de famille met en valeur une superficie qui est proportionnelle d'une part au nombre d'actifs dans la famille, d'autre part au nombre de salariés agricoles rémunérés par les immigrés. Avec les techniques de travail actuellement appliquées, les meilleures terres produisent rarement plus de 800 kg[1] de sorgho à l'hectare, rendement 10 fois inférieur à celui d'une agriculture moderne. Les villageois cultivent aussi des parcelles de berge. Il s'agit de parcelles en bordure de fleuve utilisées pour la culture du maïs et pour le maraîchage (niébé, patate douce, gombo etc.). La production du falo est souvent excellente; elle est destinée à l'autoconsommation des ménages.

L'élevage et la pêche sont des activités d'appoint pour les paysans de la vallée. L'élevage de case permet à la famille de disposer de lait. Quant à la pêche traditionnelle, elle est réservée aux Sulbabés, catégorie socio-professionnelle qui approvisionne le village en poissons. Leur production est susceptible de leur assurer des revenus intéressants, ce qui explique que l'émigration n'a touché les villages de pêcheurs que tardivement.

L'agriculture reste l'activité principale dans cette zone, malgré une production céréalière déficiente (voir tableau ci-dessous). Les cultures de décrue, tant prisée par les populations, semblent menacées par les effets des programmes après barrages. Ce contexte oblige les populations durement éprouvées par des années de sécheresse, à se réadapter aux cultures irriguées et à un nouveau système de production. L'introduction et le développement des cultures irriguées doit permettre selon les autorités d'atteindre l'autosuffisance alimentaire. Malgré une campagne 90-91 assez moyenne (75 000 T), les principaux responsables du ministère du développement rural restent confiants quant aux possibilités de l'agriculture mauritanienne. Optimistes, ils pensent que la

---

1 SO.NA.DER, Journées agronomiques du 12 au 16 octocbre 1991, Nouakchott, P 19.

production céréalière peut atteindre 160 000 T/an. Ainsi ils estiment que

> "l'augmentation des surfaces cultivables et l'augmentation du crédit agricole, qui va se traduire par une distribution plus large aux promoteurs sont des facteurs qui favorisent une plus grande productivité"[1].

	1985/86	86/87	87/88	88/89	89/90
Sorgho	72 800	96 300	97 520	108 262	115 157
Mil	8 000	13 600	16 632	6 671	13 922
Maïs	1 150	3 200	1 007	7 464	2 663
Riz	------	33 000	50 915	50 949	55 067
Niébé	4 200	5 700	9 991	9 176	20 272
Pastèque	950	3 600	9 034	665	12 092
TOTAL	97 500	165 600	183 105	188 187	182 809
Production nette réelle (2)	74 375	132 500	142 910	138 722	141 621

Production en tonnes[2]

L'agriculture irriguée revient cher. C'est un constat que n'importe quel profane en matière de développement peut faire en Mauritanie. Mais au moment où les barrages de Manantalli et de Diama ont déjà englouti 1,96 milliards de FF, il peut paraître incongru de poser la question de la viabilité d'une politique de développement agricole axée principalement sur l'extension de cultures irriguées dans la vallée[3]. Certes, de nombreux analystes ont produit des rapports, livres et critiques sur

---

1 Interview du Ministre du développement rural réalisé par le journal Le Temps, août 91.
2 Statistiques de la SONADER, Nouakchott 1990 pour obtenir la production réelle, il faut enlever une déperdition de 15% pour tous les produits sauf pour le riz où la déperdition est de 40% à cause de la conversion du paddy en riz.
3 En août 1991, le ministre du développement rural évoque dans uneinterview les facteurs qui lui permettent d'estimer que l'agriculture mauritanienne peut produire 160 000t/an. Il met l'accent sur les cultures irriguées et sur la possibilité d'envisager désormais trois campagnes /an.

l'irrigation et l'après barrage dans la région du fleuve. Toutefois, il apparaît que, pour la plupart d'entre eux, l'agriculture irriguée constitue une chance pour les populations des trois pays de l'O.M.V.S..D'ailleurs, quelques socio-économistes ne comprennent pas

> *"comment des sociétés nécessiteuses peuvent négliger ou s'opposer à un projet dont la finalité serait d'améliorer les conditions de vie de ces mêmes populations "*[1].

Nous comprenons que le problème posé de cette façon en laisse perplexe plus d'un. C'est pourquoi il nous semble, qu'au delà des finalités de ces projets qui restent louables, on pourrait aussi se pencher sur les résultats et le coût social de l'irrigation dans la région du fleuve.

2. LES CULTURES IRRIGUÉES EN RIM

La production céréalière dépend principalement en Mauritanie des précipitations pluviométriques, des crues et des cultures irriguées. La majorité des paysans reste tributaire des aléas climatiques. Il est facile dans ces conditions d'imaginer les ravages d'une sécheresse prolongée dans un pays où 65% de la population, soit environ 1,2 millions de personnes, vit essentiellement des produits du secteur rural dont la production agricole (100 000t en 1970) connaît une chute brutale (25 000t en 1973). Il faut rappeler qu'environ 74% de la production céréalière en Mauritanie provient des cultures sous pluie.

La médiatisation de la famine, qui sévit dans le Sahel depuis le début des années soixante dix, déclenche l'aide internationale et crée des conditions favorables à l'introduction et à l'intensification de l'irrigation sous sa forme actuelle.

---

1 Diop (M), Bertouille (T), Etude pour un réajustement des objectifs du projet IDAMAU 1571, de la direction régionale de la Sonader de Gouraye, Nouakchott, janvier 1990.

Les périmètres irrigués villageois

Rappelons que dans le premier plan de développement de la Mauritanie (1963-1966), les investissements affectés au secteur rural n'étaient que de 8,5%. A l'époque l'agriculture et l'élevage n'étaient pas considérés par l'Etat comme un domaine clef pour le développement du pays. Les conséquences de cette absence de volonté politique sont soulignés dans une étude financée par L'.U.S.A.I.D.. Dans ce rapport, les experts constatent que :

"les choix politiques effectués au lendemain de l'indépendance, en particulier celui de la planification n'ont pas été sans contribuer au développement des migrations du fait en particulier, de la politique du laissez-faire dans le secteur rural adopté lors du premier plan."[1]

A partir de 1970-1973, l'Etat lance un vaste programme d'activités parrainées par le Fonds Économique de Développement (F.E.D.) qui fournit l'assistance technique et financière. Les actions entreprises se situent au niveau des unités villageoises dans la région du fleuve Sénégal. Elles consistent à faire en sorte que les paysans ne soient plus tributaires de la pluviométrie, mais apprennent plutôt une forme de culture irriguée moderne et intensive par le biais des périmètres irrigués villageois (P.I.V.).

Cette orientation se traduit dans le second plan (1970-1975) par une augmentation des investissements dans le secteur rural (14%) dont 59% consacré à l'agriculture. Elle se concrétise par la réalisation entre 1970-1975 de quatorze projets de cinq cents hectares, mis en oeuvre par les villageois.

Pour une meilleure harmonisation de la politique rurale, les pouvoirs publics créent en 1975 la Société Nationale de Développement Rural (SONADER). C'est un établissement à caractère industriel et commercial dont la vocation est d'assurer la formation des paysans, la fourniture des facteurs de production et la maintenance des projets hyro-agricoles.

---

1 R.A.M.S., Mission d'étude et d'évaluation du secteur rural et des ressources humaines, Mai 1980, Nouakchott, P.33.

L'Organisation des Nations unies pour l'agriculture et l'alimentation (FAO) a décompté, dans les huit pays du Sahel, 12 millions d'hectares où l'irrigation est praticable à condition bien sûr qu'il existe à proximité une quantité suffisante d'eau. Le comité Inter-Etats de lutte contre la sécheresse au Sahel s'est donné comme objectif au début des années 80, de rendre irrigables 550 000 ha. Cet engouement pour la promotion des cultures irriguées dans le Sahel s'explique non seulement par la crise alimentaire, mais aussi par un raisonnement qui paraît simple, masquant ainsi la complexité de la greffe de l'irrigation dans la vallée. Comme la région du fleuve possède de la terre et de l'eau, l'investissement et la technicité peuvent faire en sorte que l'irrigation soit non seulement rentable, mais adoptée par les paysans.

Les experts en irrigation de l'O.M.V.S. estiment que les périmètres irrigués villageois (P.I.V.) constituent un modèle simple, maîtrisable par les paysans. C'est un modèle expérimenté par la FAO et l'O.M.V.S entre 1972-74. Les conditions qui découlent de cette expérimentation sont positives, d'après ces deux organisations.

Le succès et la progression rapide du nombre de périmètres irrigués[1] pendant les premières années ont dépassé les prévisions des ministères. Cette agréable surprise a conforté les partisans des petits périmètres qui estiment que ce type d'irrigation est compatible avec le mode de fonctionnement des sociétés de la vallée. La prolifération des P.I.V., dans un environnement sans tradition d'agriculture hydraulique, est liée d'une part à la situation de pénurie que vivent les paysans (greniers vides, bétail décimé), d'autre part à une forte subvention des facteurs de production (intrants, motopompes) par l'Etat et par certains organismes de développement.

On distingue deux types d'aménagement réalisés par L'Etat. Les grands périmètres rizicoles (Boghé, Kaëdi, Gorgol noir) dont la surface (3440 ha environ) est répartie sous forme de parcelles de 0,5 ha pour une famille de six membres. Dans ce type d'aménagement, la subvention à la production est de l'ordre de 52% du coût réel. Les petits périmètres irrigués

---

1 Dieber(G) et Van der lan(E) ont dénombré en 1985, 522 périmètres sur les deux rives du fleuve Sénégal totalisant une superfie de 10 000 ha exploités par 35 000 ménages.

villageois sont aménagés par les villageois avec l'appui de la société nationale de développement rural. Ces derniers supportent environ 63% du coût de la production. Le coût de production plus élevé dans les grands périmètres s'explique par la forte mécanisation des travaux et la faible participation des bénéficiaires aux aménagements.

Les caractéristiques des P.I.V.[1]

Malgré le succès apparent des périmètres irrigués villageois (P.I.V.), les experts savent que l'introduction de l'agriculture irriguée dans la vallée ne sera effective et efficace que si elle arrive à transformer les mentalités et les techniques culturales des paysans. Faute de quoi, le risque de voir les paysans délaisser l'irrigation au profit de l'agriculture traditionnelle, dès que les conditions climatiques s'améliorent (pluies, crues), subsistera. Les caractéristiques des P.I.V. laissent penser qu'on leur attribue principalement une fonction de transition. La superficie d'un périmètre villageois est de l'ordre de vingt à cinquante hectares. Les parcelles sont réparties entre les différents ménages par les notables. Chaque ménage travaille sur un terrain de 15 à 20 ares. Même si l'attribution des parcelles n'est jamais définitive, cette conception de l'aménagement semble satisfaire les paysans et les experts. Cette approche consensuelle a conduit de nombreux observateurs (Shmitt. (J) 1986, Diemer (G), Van der Lan 1987) à mettre l'accent sur la dimension rédistributive des périmètres villageois au profit des "dépendants fonciers". En effet l'accès aux P.I.V apparaît comme démocratique, ce qui amène J. Schmitt[2] à qualifier ce phénomène « *de petite révolution sociale* » dans le Fouta. Les notables, après consultation des propriétaires fonciers, délimitent pour le village les terres destinées à l'irrigation. Ce choix ne pose pas de problème aux paysans dans la mesure où la propriété collective n'est pas

---

1 CF Crousse, Matuieu, Seck,(sous la direction de), La vallée du fleuve Sénégal, Evaluations et perspectives d'une décennie d'aménagements, Paris, Karthala, 1991, 379 P.
2 Schmitt (J), L'Etat géomètre, les anciens territoires agro-pastoraux des Peuls du Fouta Toro et du Macina, les aménagements hydro-agricoles, contribution à la table ronde du Centre d'Etude africain, Paris, 1986.

explicitement menacée. En général, les terres de Fondé octroyées aux organismes de développement sont peu convoitées. Malgré une réticence « traditionnelle » des paysans aux projets de l'Etat, les notables ne considéraient pas les périmètres irrigués comme étant susceptibles de remettre en cause les rapports socio-politiques locaux. Lorsque la population accepte la réalisation d'un périmètre dans leur village, les bénéficiaires se regroupent dans une structure chargée de gérer le P.I.V. Ce groupement définit le mode de fonctionnement, le montant des cotisations, l'organisation du travail dans les parcelles. Il sert d'intermédiaire entre les paysans et la Sonader. Le groupement négocie aussi les échéanciers pour le remboursement des frais d'exploitation du périmètre.

Depuis 1975, les travaux d'aménagement sont effectués dans de nombreuses localités par les paysans, réduisant ainsi de façon importante le coût de revient des périmètres[1]. Les P.I.V présentent l'avantage, selon nombre de spécialistes, d'être peu onéreux (12 000 FF l'ha en 1984) et de favoriser l'émergence de groupements paysans autonomes. Toutefois, d'autres observateurs insistent sur les limites économiques et sociales des P.I.V. Ainsi, Boubakar Bâ trouve "les coûts de revient des P.I.V (1,484 million en 1988) chers"[2]. Quant à Paul Mathieu[3], il estime que les P.I.V. ont peu de chances de survivre dans un contexte de vérité des prix. Il met en évidence aussi les contradictions d'un système dont les facteurs de production (motopompes, gasoil, engrais, pesticides) sont importés alors que le produit fini est destiné à l'autoconsommation. Soulignons que la faible superficie des parcelles allouées aux familles (0,5 ha)[4] ne couvre même pas les besoins des producteurs.

---

1 Seck (S) montre dans un article sur la dynamique de l'irrigation dans la vallée, que grâce à l'investissement humain, les coûts d'aménagement se situent entre 8 000 FF et 16 000 FF l'ha soit 5 à 12 fois moins chers que ceux des grands périmètres. in Evaluations et Perspectives d'une décennie d'aménagements, Paris, Karthala, 1991, P 29.
2 Bâ (B), op.cit. P 223.
3 Mathieu (P), Irrigation, Transformation économique et Enjeux fonciers, Paris, Karthala, 1991 P29.
4 La norme idéale prévue par la SONADER pour couvrir les besoins d'une famille est de 3 ha.

Dans ces conditions, il s'avère impossible au paysan de dégager un surplus rémunérateur.

Depuis quelques années, les P.I.V. connaissent d'énormes difficultés techniques et financières. Dans un rapport bilan (avril 1991), les experts de la SONADER expliquent les raisons de ces problèmes. Ils rapportent que, malgré les protestations des paysans sur la qualité du site, les ingénieurs persistent dans leur choix. Ils donnent des exemples où les défauts de conception et d'exécution sont manifestes, la qualité du réseau d'irrigation mauvaise. C'est le cas de Néré Walo II de Synthiane.

L'euphorie qui a accompagné la naissance des périmètres irrigués commence à s'estomper. Une meilleure pluviométrie depuis 1986 et les productions moyennes des P.I.V. semblent avoir refroidi un peu l'enthousiasme des paysans. Des outils de productions non renouvelés et mal entretenus, des terres appauvries et l'augmentation des charges constituent aussi des facteurs de démotivation de la petite paysannerie.

Le rapport annuel du centre régional de la SONADER[1] Kaëdi, présente un bilan médiocre des rendements des P.I.V. Ainsi en 1983 pendant l'hivernage, seuls 159 ha ont été exploités sur les 392 hectares disponibles. La répartition par type de culture s'est faite comme suit :

Superficie cultivée	Nature des céréales	Rendement/ HA	Appréciations
128 HA	Riz	3,6T	Relativement faible
20 HA	Maïs	0,6T	Faible
11 HA	Sorgho	1,4T	Le Rendement ne couvre même pas le prix de l'eau

Cette étude de la SONADER indique aussi que pendant l'hivernage (1988) 65 % des superficies aménagées et équipées ont connu des campagnes tardives, à cause des problèmes techniques et administratifs. Des difficultés d'ordre financier ont empêché la mise en valeur de 35 % des aménagements.

---

1 N.B Dans les agricultures modernes, les rendements pour le riz, le maïs et le blé sont comparables et atteignent entre 5 et 10 T à l'hectare.

La mise en valeur et le rythme des aménagements[1] restent en deçà du potentiel du pays et des objectifs fixés par les pouvoirs publics. D'après un rapport de la SONADER[2], la superficie exploitée des aménagements ne dépasse pas 71 % de la surface exploitable.

Un mode d'exploitation coûteux

Les techniciens du développement de la SONADER admettent que le lourd endettement des groupements constitue un handicap pour les paysans. Ils préfèrent, cependant, insister sur l'absence de motivation des villageois pour expliquer la sous-exploitation ou l'abandon des périmètres irrigués. Il souligner que les paysans commencent à ressentir le désengagement brutal de l'Etat. Ils se plaignent du coût élevé des facteurs de production et des nombreuses contraintes inhérentes au type de relations qu'ils ont avec les organismes d'encadrement.

> *"les ingénieurs, les encadreurs savent tout, quant à nous, notre rôle se limite simplement à l'exécution des travaux"*[3].

C'est en ces termes que s'expriment la majorité des paysans rencontrés.

La particularité des P.I.V. est qu'ils s'apparentent à un laboratoire destiné à préparer techniquement et psychologiquement les paysans à s'adonner principalement à la riziculture pour réduire les importations de riz de l'Etat. Cet objectif explique, entre autres, l'approche purement technicienne de la mise en valeur, qui ne tient compte ni des stratégies paysannes, ni des implications socio-politiques de l'introduction de l'irrigation dans la vallée, ni des problèmes écologiques. Cette sous-estimation des stratégies paysannes conduit à méconnaître l'autre aspect que véhicule la soudaineté de l'adoption des périmètres irrigués par les villageois. Comme

---

1 B. Bâ op cit, p 224, souligne que le casier Gorgol noir, financé par la Banque Mondiale, accuse des retards inadmissibles d'aménagement ainsi en 4ans "600 ha seulement ont été aménagés sur 3 000 prévus.
2 Diop (M), Diagnostic et Proposition de réhabilitation depetits périmètres, Kaëdi-Gouraye, Avril 1991.
3 Propos recueillis lors de notre séjour en Mauritanie en Mars 1989.

l'émigration, les P.I.V. constituent un moyen de minimalisation des risques liés au système de production traditionnel. Par conséquent, l'adhésion des villageois à la politique d'irrigation de la SONADER ne peut être que conjoncturelle tant qu'elle ne parviendra pas à générer des revenus substantiels aux producteurs. Indépendamment de l'amélioration de la pluviométrie depuis 1986, l'autre élément qui explique la désaffection des paysans envers les P.I.V. est l'identification du périmètre à un bien de l'Etat. Ces derniers ont aussi le sentiment de travailler pour rembourser les redevances, d'autant plus que les services d'encadrement et d'appui du pays se désengagent dans une activité où le prix de revient de la production est important pour une catégorie démunioe financièrement. Le prix de revient d'un kg de paddy est estimé à 1 FF, alors que le prix de vente du kg de paddy s'élève environ à 0,80 FF, dans un système où la production est à 40% autoconsommée, le paysan ne peut vivre uniquement de son rendement.

Les périmètres irrigués villageois auraient contribué au changement de statut socio-économique des anciens dépendants qui jouissent des mêmes droits pour l'exploitation des parcelles. Ellen Van der Lan et Geert Diemer[1] mettent l'accent, comme Jean Schmitz, "sur la démocratisation" des relations sociales au sein des groupements. Il faut cependant relativiser ce constat. Dans les casiers du Gorgol et dans quelques terroirs du Guidimakha, les notables ont réintroduit une forme de métayage "le Rampétien"[2]. Nous constatons que malgré les mutations sociales qui se sont produites avec la dynamique de l'irrigation, les mécanismes traditionnels de reproduction des inégalités sociales persistent encore.

Dans le système de production traditionnel, la riziculture était une activité féminine. Le riz, dont la production variait entre 1,5 et 2 t/ha, reste très apprécié. Les femmes ont un savoir-faire dans ce domaine qui n'a pas été exploité efficacement par les organismes de développement à cause des pesanteurs sociales. Elles ont été écartées des périmètres irrigués villageois par la hiérarchie traditionnelle. Devant l'ampleur de l'injustice,

---

1 Diemer (G), Van der Lan (E), op.cit. P25.
2 Le type de relations lié au mode de tenure traditionnelle persiste dans certains périmètres du Guidimakha et dans certains casiers de Kaëdi, Boghé, Foum Gleita.

certaines n'ont pu s'empêcher de protester. Ainsi, en 1982, dans une réunion organisée par la Sonader, leur représentante s'exprima en ces termes :

> *«A la Sonader, il n'y a rien pour les femmes, la Sonader a donné les papiers aux hommes qui ont refusé aux femmes l'entrée dans la coopérative. Tous nos maris sont en France, seuls les vieux sont là, autant que possible nous les remplaçons avec nos enfants, mais notre problème c'est le manque d'eau. »*

Il se peut que les femmes aillent travailler avec leur mari sur le périmètre, mais c'est lui qui garde la récolte, alors est-ce qu'un homme et une femme peuvent travailler ensemble dans ces conditions ? »[1]

L'autosuffisance alimentaire et la logique de l'agro-business
G. Diemer et E. Van der Lan[2] se demandent s'il est possible d'arriver

> *"à mobiliser les ressources d'une société rurale pour atteindre des objectifs qui lui sont extérieurs".*

Cette interrogation est motivée par le fait que les États de l'O.M.V.S privilégient la culture du riz au détriment des autres céréales (Sorgho, maïs) pour gagner le pari de la sécurité alimentaire et réduire la quantité importée de riz.

S'il arrive que les experts oublient la fonction et les objectifs que les villageois assignent à l'agriculture irriguée; les paysans, par leurs pratiques, ne cessent de les rappeler. En 1981, sept villages[3] du Guidimakha ont été dotés par la SONADER de périmètres pour faire de la riziculture. A partir de 1985, la culture du riz a été abandonnée par les paysans au profit d'une double culture maïs/sorgho à cause du coût de productivité de la riziculture.

---

1 Brosse (V.B. de), Riz des femmes, Riz des hommes, E.R.juillet-décembre1989, P55.
2 Diemer (G), Van der lan (E), L'irrigation au Sahel , Paris,1987.
3 Steinkamp (L), Sept villages du Guidimakha face au développement, Paris, EHESS, 1983, P 425.

P. Engelhad[1] pense que "la logique de l'autosuffisance rizicole" prônée par les États de l'O.M.V.S s'oppose au développement de l'agriculture paysanne familiale. Il estime que "cette obsession" de l'autosuffisance rizicole reste la meilleure alliée de l'agrobusiness. La culture du riz, dans de telles conditions climatiques, exige des moyens financiers dont ne disposent pas les villageois. Si les pouvoirs publics continuent à privilégier la culture du riz, ils finiront une fois de plus par abandonner leur rôle et leur place au profit d'un agrobusiness dominé par une logique spéculative. La privatisation de l'agriculture progresse à une vitesse considérable, séduisant ainsi certains experts de la Banque Mondiale qui pensent que

"les promoteurs mauritaniens ont quelque chose à apprendre aux hommes d'affaires africains."[2].

Rappelons qu'une réforme foncière et des decrets d'applications favorables aux hommes d'affaires ont permis à ces derniers d'acquérir d'importantes terres de culture. Les rizeries détenues par des sociétés nationales comme la Sonader ont été cédées aux opérateurs privés. En l'espace de cinq ans, la superficie allouée aux privés (589ha en 1979) se voit multiplier par quatre[3]. En 1989, 60% de la production de paddy provenait du domaine privé. Dans un contexte où le secteur de la pêche est en crise (vieillissement de la flotte, exploitation anarchique, etc.), les hommes d'affaires mauritaniens espèrent trouver dans l'agriculture irriguée, avec l'appui de l'État, un moyen de rentabiliser rapidement leurs investissements. Le choix de l'agriculture privée ne règle pas le problème des coûts de production élevés de l'irrigation. D'après une étude du Ministère du Développement Rural, il apparaît que le secteur privé doit améliorer sa productivité, c'est à dire passer de 3T/H à 4,5T/H pour que son prix de revient ne soit pas supérieur au prix de vente officiel de riz. Il est illusoire de demander aujourd'hui au secteur privé défaillant sur le plan technique et

---

1 Engelhad (P), La vallée revisitée in Evaluations et Perpesctives d'une décennie d'aménagements, Paris, Karthala, 1991, P60.
2 Bâ.(B), Les problématiques foncières en Mauritanie: état des lieux et repères bibiographiques, CILSS, décembre 1992, p 10.
3 Source SONADER, 1994.

organisationnel un rendement aussi important à l'hectare. L'autre possibilité qui pourrait permettre aux producteurs de réaliser des bénéfices consisterait à augmenter le pix du riz à la consommation. Cette hypothèse a ses limites liées à la faiblesse du pouvoir d'achat de la population urbaine et aux dévaluations successives de la monnaie nationale qui augmentent le coût des facteurs de production importés pour l'irrigation.

Les grands périmètres ont longtemps été favorisés au détriment des petits, malgré le discours officiel de l'Etat sur les capacités de l'agriculture villageoise. Au 31/12/83, l'affectation des ressources se présente comme suit : 688,4 milliards d'U.M. pour les périmètres villageois contre 4525,5 aux grands périmètres. Comme le souligne B.Bâ, cet écart semble disproportionné dans la mesure où les P.I.V. sont exploités par 11 808 personnes contre 4 380 exploitants pour les grands périmètres.

Dans le cadre du plan d'ajustement du secteur agricole (1988-1991), l'Etat est obligé de se désengager de la filière riz qui relève désormais du secteur privé. Pour soutenir la production nationale, les pouvoirs publics décident de taxer fort (45 %) l'importation du riz pour ramener son prix de revient à celui du riz national. Il ne nous viendrait pas à l'esprit de critiquer une politique de soutien à la production nationale que nous revendiquons par ailleurs. Toutefois, il ne sert à rien de s'entêter à vouloir faire de la Mauritanie un pays rizicole alors que les conditions objectives ne le permettent pas.

Les cultures irriguées concernent à peine 11% des mauritaniens pourtant elles absorbent la quasi-totalité des ressources affectées au développement rural[1]. Cela indique que l'agriculture sous pluie, les cultures de décrues ne sont pas considérées comme des activités motrices pouvant favoriser le développement du pays et assurer l'autosuffisance alimentaire. Cette tendance à réduire le développement rural à l'irrigation dans la vallée, outre les problèmes politiques et écologiques qu'elle soulève, se fait aussi au détriment de l'élevage.

Les barrages de Diama et de Manantali, dont le financement s'élève à quatre milliard de FF., incitent l'Etat à privilégier la culture irriguée et à concentrer les activités agricoles dans la

---

1 Plan quinquennal d'activités de la SONADER, Juillet 1985.

région du fleuve. Le premier (Diama), un antisel, se situe en aval de Diama, tandis que le deuxième construit à Manantali sert pour la retenue des eaux. Les barrages doivent permettre l'irrigation de 375 000 ha dont 240 000 ha au Sénégal, 126 000 ha en Mauritanie et 9 000 ha au Mali. Grâce à ces deux barrages, les trois pays bénéficieront d'une production d'énergie et d'une voie fluviale sur 800 km.

La politique agricole de la RIM s'avère contradictoire, voire incohérente, tant dans ses objectifs que dans ses rapports avec les bailleurs de fonds. Certains analystes expliquent cette ligne chaotique par la démission de l'Etat en matière de développement rural. Face à l'ampleur des difficultés, les pouvoirs publics donnent l'impression de compter principalement sur leurs partenaires du Nord. Ces derniers, en fonction de leurs conceptions et de leurs stratégies en matière de développement, sans aucune coordination entre eux, s'occupent uniquement de leur domaine réservé. Ce qui conduit B Bâ à écrire que :

> « *les partenaires de la RIM détermineraient eux-mêmes leurs zones d'intervention : aux Hollandais Rosso et sa région, aux Italiens Maghama et la zone comprise entre Boghé et Podor, aux Français Boghé et sa région, aux Allemands Ashram-Diouk, au Fed Kaëdi et sa région, aux Américains Selibaby et Gouraye, à la banque mondiale le Gorgol noir, les Belges avec les bureaux Courtois et Agrer sont au cœur de la SONADER, ils sont aussi à M'Bagne* »[1].

Les projets dépendant de ces organismes semblent bien fonctionner, mais, hélas, à chaque retrait des partenaires de la Mauritanie, les programmes disparaissent avec eux. Cela montre que la plupart des projets vivaient sous perfusion grâce aux énormes moyens financiers des partenaires du Nord. Cette situation explique en partie certains propos des paysans qui regrettent la période où leurs périmètres étaient gérés par le F.E.D. le F.A.C., etc.

---

1 Bâ (B), op.cit. P 219.

L'agriculture irriguée telle qu'elle se pratique dans la vallée revient chère pour une économie mauritanienne en crise. La situation financière et économique continue à se dégrader malgré la thérapie administrée par le F.M.I. (dévaluation de la monnaie, désengagement de l'Etat dans plusieurs secteurs, réduction des effectifs dans la fonction publique). Ce contexte accroît les difficultés d'un Etat qui finance 22,6 % du coût total de Diama et de Manantali, soit plus de cinquante milliards de Francs CFA. Dans ces conditions, la tentation existe de penser que l'unique solution consiste à privatiser l'agriculture. Pourtant, il apparaît que malgré les avantages accordés aux hommes d'affaire au détriment des petits producteurs, les investisseurs privés[1] n'arrivent pas à optimiser le rendement du riz.

Axer une politique de développement rural principalement sur le secteur privé est un leurre qui conduira à une impasse. Les caractéristiques sociales des populations de la vallée et leur rapport à la terre constituent des obstacles à l'augmentation et à la généralisation des grandes exploitations susceptibles de permettre aux privés de faire des bénéfices. Certes, l'Etat dispose de tout un arsenal juridique et policier pour appliquer sa politique. Mais, une telle politique provoquerait une situation d'instabilité dans la région qui serait peu compatible avec la paix sociale qu'exige ce mode d'exploitation agricole. Il est hors de question de récuser d'emblée le rôle du secteur privé dans l'agriculture mauritanienne. Néanmoins, nous doutons qu'il puisse servir de locomotive en ce domaine, du fait de la faiblesse des moyens financiers disponibles et surtout à cause de la prédominance persistante de certains types de rapports sociaux et des pratiques spéculatives. Il nous semble qu'un développement durable dans la région dépendrait plutôt d'une meilleure formation des paysans et de l'instauration d'une véritable politique de partenariat à leur égard. Cela suppose que les pouvoirs publics rompent avec le fétichisme de la riziculture. L'Etat, ses partenaires et les O.N.G doivent aider les groupements villageois sur le plan de l'organisation, de la

---

1 Hessling (G), Crousse (B) rapportent dans leur enquête sur la réforme foncière dans la vallée du fleuve Sénégal, Banque Mondiale, octobre 1992, que les exploitants privés et les représentants de la fédération agriculteurs et élevage leur ont affirmé que seuls 20% des privés sont capables de faire des bénéfices.

formation et des finances. Ils peuvent aussi encourager l'agriculture familiale et valoriser la culture des céréales traditionnelles (maïs, sorgho, etc.)

La complexité de la situation dans la région du Gorgol et du Guidimakha implique une certaine prudence dans l'appréciation de la politique économique du régime de Nouakchott. Toutefois, le bon sens et les échecs répétés en matière de développement agricole en RIM depuis plusieurs années nous incitent à affirmer qu'il est utopique de chercher à transformer qualitativement l'agriculture mauritanienne en ignorant les principaux acteurs. Il ne s'agit pas de faire l'apologie des villageois, ni de leur donner des qualités et des compétences qu'ils ne possèdent pas. Mais il est important de tenir compte, dans les projets proposés aux paysans, de leurs stratégies, du rôle des hiérarchies sociales traditionnelles et de l'impact de l'immigration et de la question foncière.

L'évolution des périmètres irrigués villageois et leur efficacité sur le plan socio-économique varient d'une région à l'autre. Dans de nombreux village d'émigration, les problèmes de redevance ne se posent pas avec la même acuité que dans les villages où la rémunération des facteurs de production dépend principalement de la récolte.

Les migrants participent au financement des périmètres irrigués de leur village, ce qui conduit les socio-économistes à affirmer que les P.I.V sont subventionnés par l'immigration. Par conséquent, ils ne constituent pas une solution de remplacement crédible à l'émigration.

Ce mariage de raison entre deux activités (irrigation et immigration) aux fonctions opposées irrite des experts de la région du fleuve. Il biaise, selon eux, le fonctionnement économique des périmètres irrigués villageois et l'activité du paysan qui a pour vocation de produire un "surplus rémunérateur". Pour les paysans, ce mariage de raison correspond à une stratégie de minimalisation des risques et de répartition des rôles.

Quant aux immigrés, il est injuste de ne retenir de leur action de soutien aux périmètres irrigués villageois que la recherche d'une optimisation de leur épargne. L'aide des migrants facilite considérablement l'irrigation dans cette zone, car elle a permis à bon nombre de groupements de se doter de leurs moyens de productions (motopompe, gasoil). Toutefois, il est vrai que les immigrés confinent l'irrigation au seul objectif de la consommation familiale. Cela a l'avantage de réduire sensiblement le budget affecté à l'achat de céréales pour la famille.

Au-delà des débats économiques et idéologiques sur le caractère déstructurant de l'émigration, ou sur le rôle des immigrés comme "acteurs du développement", il existe une réalité qu'on ne peut occulter. Dans les zones d'émigration, le système de production repose sur les revenus migratoires et sur la culture des céréales. Nous devons partir de ce constat pour apprécier comment cette alliance entre deux éléments clefs de l'activité des habitants de cette région contribue à l'amélioration de leur condition de vie quotidienne.

Nous ne sous-estimons pas les inconvénients qu'il y a à vouloir fonder un "mode de développement" sur une activité aussi aléatoire que l'émigration. D'ailleurs, pour certains experts de la Sonader, l'émigration s'oppose au développement agricole de la région, car elle provoque un déficit de main d'œuvre considérable. Politiquement et logiquement, cet argument est recevable, toutefois, ne perdons pas de vue que le sous-emploi reste encore une donnée structurelle du secteur rural. Nous avons nous-même souligné les effets de l'immigration sur le système de production des populations. Cependant, il est inadmissible d'ignorer les mutations que subit la communauté immigrée mauritanienne, et de se priver de leurs expériences et de leur capital financier.

Comme nous l'avons montré tout au long de cet ouvrage, les immigrés participent déjà activement à la vie de leur village. Il est possible d'améliorer sensiblement les interventions des associations de migrants en direction de leur région d'origine. Cela suppose une meilleure coordination entre les différents acteurs, mais aussi une évolution des organisations vers un cadre régional.

Une attention particulière doit être portée à la nature des projets afin d'éviter de faire des greffes ne correspondant pas aux contraintes et aux besoins des populations locales. Déjà, au début des années soixante-dix, Samir Amin[1] pensait qu'une redéfinition des options de base dans la vallée devrait être axée sur le développement autocentré.

"Développement participatif" ou "autocentré", voilà des thèmes qui, associés comme des références du passé en pleine croissance économique, reviennent au devant de la scène à travers le discours des institutionnels[2] et des experts du développent dans une version "dépolitisée". Quels sont dans ce processus la place et le rôle des migrants? Ceux-ci poussent leur identification au village jusqu'à nier, dans les discussions que nous avons eues à ce sujet, l'existence d'une contradiction entre leurs stratégies et celles des villageois. Combien de fois avons-nous entendu, de la part des immigrés, cette formule lapidaire, "mais le village, c'est nous" ! Formule à double sens qui rappelle une réalité, l'imbrication entre l'immigration et la vie au village.

---

1 Samir (A), La question paysanne et le capitalisme, paris, ed minuit, 1974, p292.
2 La Banque mondiale, le FMI et les ONG insistent de plus en plus sur le thème de la participation des populations pour atténuer les effets des plans d'ajustement.

CHAPITRE 6
L'IMMIGRATION COMME FACTEUR DE DÉVELOPPEMENT

Dans le chapitre IV, nous avons étudié le rôle et la place des associations d'immigrés dans les villages mauritaniens de la région du Gorgol et du Guidimakha. A l'aide de deux études de cas, nous avons pu illustrer la fonction socio-économique de deux organisations aux modes de légitimation différents. Nous aurions certes pu conclure sur ce thème. Au risque de nous répéter parfois, il nous semble toutefois important, pour compléter l'analyse, de revenir sur un sujet aussi controversé que paradoxal : l'immigration comme facteur de développement.

L'irruption des migrants dans le champ du développement pose le problème des relations entre les principaux acteurs intervenant dans la région et de leur complémentarité. Dans une perspective interactionniste et dynamique, quatre pôles doivent être pris en considération : l'Etat, les immigrés, les O.N.G. et les villageois.

L'émigration, personne ne peut plus le nier, reste une conséquence du sous-développement et de la persistance de la crise dans les villages mauritaniens. Pour expliquer cette situation, certains auteurs, influencés par les théories de la dépendance, insistent sur les liens économiques et politiques des pays de la "périphérie" avec la France et sur la pauvreté des populations. De nombreux observateurs estiment, par ailleurs, que l'émigration empêche les paysans de s'engager dans des luttes sociales et d'innover sur le plan socio-économique. Ainsi, selon eux, la migration, en procurant aux sociétés de la vallée l'argent nécessaire à leur survie, a fait perdre à celles-ci ses capacités d'innover.

Apparemment, tout le laisse supposer, car les pratiques économiques et le savoir faire des villageois semblent dérisoires par rapport aux apports massifs et spectaculaires des immigrés.

Nous ne sous-évaluons pas la place centrale qu'occupe la migration dans la stratégie des paysans de la vallée pour faire face à la crise. Précisons cependant, qu'il n'y a pas nécessairement antinomie entre l'émigration et la promotion, voire le perfectionnement, d'un savoir-faire local. Il est certes permis d'estimer que l'émigration, comme l'aide alimentaire, contribue à affaiblir les productions locales. Toutefois, les critiques adressées aux migrants sont dénuées de fondement. Au-delà de l'inflation de la dot et d'une « passivité » du village, qu'on leur attribue à tort, c'est le départ "permanent" d'un nombre croissant de jeunes qui pose problème.

Dans les villages d'émigration du Gorgol et du Guidimakha près de 5 % de la population se trouve actuellement en France 1. Ce pourcentage est nettement plus élevé dans des localités comme Diaguily, Sagne, Waly (15 000 Hts) où il atteint 9 %.

Face à de telles statistiques, on peut dès lors penser que, pour des régions à vocation agricole comme le Guidimakha et le Gorgol, l'émigration constitue un obstacle à l'instauration d'une politique de développement durable, car elle génère un déficit chronique en main d'œuvre.

Quoiqu'il soit légitime de la part des socio-économistes ou anthropologues de faire le diagnostic sans complaisance des effets négatifs de l'émigration sur le développement de la région, il ne saurait être question de la condamner définitivement. Il est impossible d'évaluer convenablement l'action des organisations de migrants sans la situer dans le contexte des défaillances de la politique de développement des Etats de l'O.M.V.S.. Il n'est pas fortuit que, dans leur message d'accueil, les responsables des associations d'immigrés co-organisateurs du colloque "Immigration et développement" se soient exprimés dans les termes suivants :

> « *les immigrés ont compris qu'ils doivent s'investir d'une autre mission celle dévolue aux États, c'est-à-dire s'attaquer aux problèmes du sous-développement* »2

Le nouveau comportement des migrants ne découle pas d'une prise de position "idéologique" imposée par les organisations politiques. Il est dicté par la réalité économique à l'origine du

---

1 Enquête réalisée par l'Institut Panos dans 40 villages mauritaniens en 1991.
2 24 associations et "fédérations d'associations de Mauritanie, Sénégal, Mali ont collaboré avec l'Institut Panos, pour l'organisation du colloque "Immigration et Développement au Sahel", Evry, juin 1992.

projet migratoire, à savoir la dégradation chronique des conditions de vie dans les pays d'origine.

Le montant des investissements, ces dernières années, montre leur dynamisme dans le secteur socio-économique. Entre 1987 et 1992, pour l'ensemble des trois pays de l'O.M.V.S. (Mali, Sénégal, Mauritanie), 44 millions de francs français ont été investis. Les immigrés ont assuré, grâce à leurs cotisations, 88,5 % de ces investissements (1).

Les observateurs de l'immigration des Soninkés et des Halpularen reconnaissent que ces derniers maîtrisent le processus de la cotisation et de la négociation à distance avec le village. Ainsi, les immigrés s'avèrent être d'excellents bailleurs de fonds pour les "projets d'équipements". Toutefois, s'empressent de préciser quelques techniciens "de terrain", les organisations de migrants ne sont pas les plus efficaces pour mener des projets économiques, car elles manquent "d'esprit d'entreprise et de professionnalisme" (2).

Participer au développement, n'est-ce pas aussi accroître sa capacité d'intervention, chose que font déjà les associations d'immigrés ? Construire des écoles, des dispensaires, investir dans des projets agricoles ne constituent-ils pas des manifestations suffisantes de leur esprit d'initiative ?

La conception et la vision du développement ne peuvent uniquement se limiter au calcul des P.N.B. et à celui de la moyenne de revenu par habitant. Nous pensons que, comme le suggère Alain Touraine,

> « *il faut dépasser l'opposition stérile du déterminisme économique et du volontarisme culturel et insister sur l'interdépendance des aspects politiques et culturels du développement* » *(3)*

---

1 Daum (C), Rapport final de l'étude Immigration et Développement, juin 1992, P 49.
2 Yatera (S), Document de synthèse pour la préparation du séminaire du G.R.D.R., les immigrés acteurs de développement, Paris, novembre 1992, P 7.
3 Touraine (A), La parole et le sang, Paris, Odile Jacob, 1988, P 39.

Actuellement, les institutions, comme la Banque Mondiale ou le Fonds monétaire international, et les experts s'intéressant aux pays du Sud jugent la situation socio-économique de l'Afrique désastreuse. Il faut cependant rappeler que, pendant des années, le mode de développement de ces pays a reposé sur l'exportation des matières premières, sur un code d'investissements attrayant et sur la greffe d'entreprises sophistiquées peu compétitives. La construction d'une usine de sucre à Nouakchott, liquidée au bout de quelques années, reste un exemple éloquent. A l'époque, un contexte politique et économique favorable masquait les insuffisances inhérentes à ce mode de développement. Aujourd'hui, économiquement en voie de marginalisation, l'Afrique intéresse peu les investisseurs privés et représente moins de 1 % des échanges mondiaux. Elle est contrainte d'appliquer la politique du F.M.I. et de la Banque Mondiale pour bénéficier du soutien des organismes financiers internationaux.

La Mauritanie est confrontée aux mêmes problèmes que la plupart des États africains. Cependant, elle connaît une forte crise politique et économique. La baisse des cours mondiaux de fer, une exploitation anarchique du secteur de la pêche et des tensions intercommunautaires fragilisent ce pays. En 1980, la participation du secteur minier[1] au P.I.B était de 25 %, elle est tombée à moins de 10%. La contribution du secteur rural à la formation du P.I.B. était en 1989 de 29%. L'essentiel de la production de ce secteur est lié à l'élevage dont la part représente 23% du PIB du secteur rural.

La nouvelle politique de pêche mise en place depuis 1980 devait assurer aux pouvoirs publics une rentrée substantielle de devises et servir de locomotive à l'économie mauritanienne. Bien que ce secteur ait représenté en 1992-93 environ 25% des recettes budgétaires de l'État[2], il subit une grave crise liée au caractère extraverti de cette activité, au manque de savoir-faire local et au népotisme. Cette crise[3] a eu des répercussions

---

1 En 1992, il y a eu une baisse de plus de 20% en valeur des exportations de fer.
2 Ministère de la coopération, situation financière et économique des Etats d'Afrique et de l'Océan Indien et des Caraïbes, perpectives d'évolution, paris, 1992.
3 En 1993, l'Unité, un journal indépendant présente la situation de l'économie mauritanienne. Il constate que le poisson est bradé à 1500

financières sur les banques qui ont financé bon nombre d'armateurs mauritaniens. Soulignons que 45% des impayés des crédits sont ceux des privés, bénéficiant souvent de soutiens politico-tribaux. Pour redresser l'économie de la Mauritanie, les institutions financières internationales recommandent à l'Etat la dévaluation de sa monnaie et la réduction des dépenses publiques. Elles lui suggèrent aussi de renoncer à son hégémonie dans le secteur rural et de pratiquer la vérité des prix, etc. `

Le programme de redressement financier et économique (PREF 1985-88) et le plan de consolidation et de relance conçus par les experts du F.M.I. et de la Banque Mondiale visent à réduire les déséquilibres financiers de l'Etat, à favoriser la libéralisation et la privatisation de l'économie.

Le programme d'ajustement pour le secteur rural(PASA, 1989-93) définit la politique que les pouvoirs publics mauritaniens doivent appliquer dans le domaine de l'agriculture et de l'élevage. Il préconise le développement et le renforcement de l'initiative privée, la privatisation de la production et la sécurisation du foncier. Nous n'insisterons pas sur les effets pervers de la politique foncière et agricole de l'Etat, que nous avons déjà soulignés dans le chapitre précédent. Nous relèverons néanmoins que cette thérapie pénalise surtout la petite paysannerie et n'a pas amélioré de façon significative la production céréalière du pays.

L'Union des Coopératives Agricoles de Crédit et d'Epargne en Mauritanie (L'UNCACEM) permet théoriquement aux coopératives et aux individus de bénéficier d'un financement pour leurs activités. Précisons que l'accès au crédit agricole est impossible pour la grande majorité des mauritaniens car, cet organisme n'accorde un crédit qu'aux exploitants disposant d'une surface dépassant 20 hectares. L'autre condition pour accéder au crédit est la possession de titres fonciers. Cependant, on constate que dans la région du Trarza, sur environ 300 attributions, seule une dizaine aurait reçu un acte foncier. Pourtant, la privatisation du foncier est considérée comme un moyen garantissant les prêts. La situation dans le Trazza où les

---

dollars/T. Il signale qu'environ 70% de la flotte marchande, qui compte 170 navires, sont des épaves, aggravant ainsi la crise dans le système bancaire et des assurances.

promoteurs privés sont les plus actifs pose le problème de la fonction réelle de la sécurisation foncière à travers la privatisation.

D'après les chiffres du Ministère du plan, la production agricole a progressé en moyenne entre 1969 et 1989 de 0,6%, alors que la croissance démographique est de l'ordre de 2,7%. La Mauritanie dépend de l'extérieur pour les 2/3 de ses besoins alimentaires. Certes, on peut nous rétorquer que cela ne constitue pas un problème majeur, si le pays arrive à s'appuyer sur d'autres secteurs pour assurer son développement. Nous pouvons l'admettre; cependant, il nous semble que dans un pays où les salariés (60 000 personnes) [1] représentent moins de 8 % de la population active, l'agriculture et l'élevage restent une activité importante pour le développement de la Mauritanie, malgré l'exode rural. Cette vision n'est pas partagée par des spécialistes de l'économie de la RIM. Ils restent sceptiques quant au rôle et à la place de l'agriculture dans le développement de la Mauritanie, car soulignent-ils

> *"avec un tel milieu naturel, la production agricole sera toujours défavorisée par rapport aux régions agricoles à climat plus propice. Il en résulte que l'importation vivrière sera toujours moins chère que la production"*

Cependant, ils remarquent que cette

> *"direction aurait pu être prospectée si la Mauritanie disposait des ressources suffisantes"* [2].

---

1 Dans le dernier recensement officiel(1977), les actifs représentent environ 50% d'une population de 1 400 000 habitants.
2 Rapport provisoire 1990-1994, Etude d'application du schéma directeur de la vallée et du delta en rive droite du fleuve Sénégal. B.Bâ qui analyse ce document montre qu'il n'est pas politiquement acceptable et économiquement viable de se détourner de l'agriculture. Nous rappelons qu'on ne saurait réduire en Mauritanie, le développement rural à l'agriculture et le développement agricole à la riziculture. Il serait irréaliste de faire de la Mauritanie un pays rizicole au détriment des autres productions (cf chap 5).

La réduction de la dépendance alimentaire du pays est l'un des objectifs de la politique agricole de l'Etat. Il est cependant erroné, au nom du sacro-saint slogan sur l'autosuffisance alimentaire, de "spécialiser" la vallée dans la riziculture et d'ignorer les pratiques économiques locales et les objectifs des populations. Le développement est un processus qui s'appuie sur l'articulation entre différentes activités, il suppose aussi une implication des acteurs.

Rappelons que le Guidimakha, zone d'émigration principale en Mauritanie, est la région la plus favorisée sur le plan climatique. Son potentiel des vallées inondables du fleuve et de ses affluents reste fort intéressant pour une population de 123 000 Hts. La surface cultivable est de 3000 ha de décrue, 450 ha irrigables, 18 000 ha de cultures sous pluie. Cette région connaît une grande circulation d'argent grâce aux transferts financiers des immigrés. A partir de la mobilisation des identités collectives, les migrants ont su créer une dynamique importante, qui permet aux communautés villageoises d'apercevoir des possibilités de développement alternatif, à condition que chacun des acteurs (villageois, immigrés, Etat, O.N.G.) assume son rôle.

Il arrive que les immigrés investissent dans des projets où la rentabilité sociale (mosquée) l'emporte sur les considérations économiques. Serait-ce la contrepartie sociale à payer pour réaliser des projets induisant des transformations socio-économiques? On pourrait le penser, mais ne perdons pas de vue comme le soulignent les responsables d'associations co-organisateurs du colloque "Immigration et développement" :

«*être immigré n'est pas nécessairement synonyme de développeur* » [1]

Nous dirons même que ce fut le contraire pendant des années. La nature de l'immigration sahélienne, la pesanteur des hiérarchies sociales traditionnelles, avec son corollaire les pratiques ostentatoires, ne permettaient pas aux migrants de participer au développement de leur village.

---

1 Message d'accueil des associations au colloque Immigration et Développement, juillet 92.

Les associations d'immigrés se sont toujours gardées de remettre en cause ouvertement les normes et règles discriminatoires de leur société d'origine, ce qui les disqualifie aux yeux de quelques observateurs. Ces derniers considèrent les migrants comme des "conservateurs" travestis par les sociologues en acteurs du développement. Nous avons encore présente à l'esprit cette phrase d'un responsable africain travaillant dans le milieu associatif.

> « *faites un tour dans les foyers, (affirme t-il), vous verrez que les rapports sociaux traditionnels persistent et que les immigrés ont un comportement qui s'oppose au développement* » [1]

On note effectivement que le rapport des migrants aux normes et aux valeurs de la société d'origine reste ambivalent. Certes, ceux-ci manifestent de façon implicite leur adhésion à des règles du jeu favorables à certaines catégories sociales. Il n'empêche que, par leurs pratiques socio-économiques, les organisations d'immigrés contribuent à modifier les relations (hommes - femmes, aînés - cadets, anciens nobles - anciens dépendants, etc.).

Pour l'instant, il semble hors de question pour les responsables d'association d'adopter une stratégie ouverte de rupture. Ils ne tiennent pas à perdre "leur capital social" qui fait leur force au village et au sein de l'immigration. Ce qui importe aux dirigeants des associations de migrants, c'est de réaliser leurs projets en respectant certaines formes. Cette attitude de prudence est dictée par le jeu social interne aux sociétés rurales. Ce souci des immigrés de ménager les hiérarchies sociales peut conduire à des choix aberrants sur le plan technique. Nous avons l'exemple de ce comité de santé chargé de gérer un dispensaire et une pharmacie en Mauritanie. Après un semestre de gestion désastreuse, les immigrés et les notables ont procédé à son renouvellement, privilégiant cette fois-ci les compétences des postulants. Ainsi, comme nous le fit remarquer un responsable d'association, les migrants ont voulu par la pratique disqualifier

---

1 Colloque villes-jeunes, emploi, organisé par le ministère de lacoopération,cf atelier consacré à l'immigration africaine, Paris, septembre 92.

un type de choix qui favorise principalement une catégorie sociale particulière. Cependant, ce constat ne doit conduire à considérer les immigrés comme des conservateurs incapables d'aborder des problèmes pouvant remettre en cause le pouvoir des hiérarchies traditionnelles. Nous avons l'exemple de l'association des immigrés originaires de Boully qui a effectué une mission au village pour trouver une solution au problème foncier, source de dysfonctionnement de leur projet d'aménagement du terroir. En effet, les « dépendants fonciers» ne sembaient plus disponibles à participer activement au travail collectif du village pour des aménagements dont ils n'étaient pas certains de pouvoir profiter. Les migrants ont trouvé un compromis entre les propriétaires fonciers et les exploitants pour pallier à tout risque d'expropriation de ces derniers, lors de la mise en valeur. Il faut souligner que les associations de migrants sont de plus en plus confrontées d'aménagement du terroir puisse profiter pour pallier à tout risque d'expropriation de ces derniers, après la mise en valeur des terres. Certes, il n y a pas eu contractualisation, mais comme le soulignent les villageois, des engagements publics et la parole donnée valent bien un bout de papier signé.

D'un point de vue méthodologique et théorique, le chercheur doit se garder de tirer des conclusions hâtives et trop globalisantes. Il est utile de ne pas oublier que l'immigration africaine a connu des évolutions, ces dernières années. Par conséquent, il semble plus judicieux de se centrer sur l'observation des effets réels de l'émigration que de se laisser enfermer dans la problématique des intentions. La complexité de l'immigration africaine, certaines pratiques[1] (polygamie, excision) provoquent des malentendus et un non-dit, conduisant ainsi à des modèles d'explication réducteurs du comportement des migrants.

Les immigrés souffrent d'un déficit d'image qui occulte leurs réalisations socio-économiques dans les villages. Pour inciter leurs partenaires potentiels du Nord à leur accorder une plus

---

1 Barou (J), L'immigration en France des ressortissants d'Afrique noire, Rapport du groupe de travail interministériel, juin 1992.

grande attention[1], les responsables d'association ne cessent de répéter une chose: qu'ils sont en phase avec la population pour participer au développement de leur région. Un facteur important pour la réussite des projets de développement reste, cependant, encore à être maîtrisé par les immigrés: obtenir que cette adhésion spontanée, dont les motivations sont souvent affectives, soit remplacée par une réelle participation à l'élaboration et à l'exécution des projets économiques. Cela suppose entre autres que les associations d'immigrés acceptent d'abandonner une parcelle de leur pouvoir pour favoriser une véritable autonomie des organisations villageoises.

Nous constatons qu'un nombre croissant de responsables d'associations reprennent le thème de la participation des populations dans le développement. S'agit-il d'une nouvelle démarche dictée par l'évolution du mode d'organisation des villageois? Certains immigrés n'auraient-ils pas tout simplement compris l'intérêt que l'on peut tirer de la réactualisation du discours sur la participation et la coopération décentralisée ?

La participation des populations, considérée comme une condition essentielle de la réussite des projets de développement dans les zones rurales, n'est pas un thème nouveau. Elle a suscité d'innombrables débats, sans toutefois être réellement mise en application dans toutes ses dimensions. Il semble de nouveau d'actualité, ce qui impose un bref détour théorique pour faire l'état de la question. Cette analyse nous permettra d'examiner dans quelle mesure les pratiques des migrants contribuent à une participation réelle des villageois où s'y opposent. Ce sera aussi l'occasion d'apprécier cette observation d'un chercheur, qui écrit à propos des populations de la vallée :

« les villageois ont pris l'habitude d'attendre passivement la manne en provenance de la France et ne sont guère disposés à s'impliquer dans des travaux agricoles malgré les tentatives que font les associations de migrants pour les responsabiliser »[2]

---

1 L'enqête Panos montre que sur un investissement de 44 millions, la participation des partenaires correspond à 1,5%.
2 Barou (J), Rapport du groupe de travail interministériel, l'immigration des ressortissants d'Afrique noire en France, Paris, sécrétariat général à l'intégration, juin 1992, P 6.

1. PARTICIPATION ET DÉVELOPPEMENT COMMUNAUTAIRE

Le développement participatif[1] constitue selon J.P. Chaveau un modèle du "discours développementaliste, depuis la première guerre mondiale". L'auteur souligne, néanmoins, des évolutions dans les pratiques, à cause notamment des contingences économiques et politiques. Il précise que le modèle participatif

> *"est une configuration à la fois intellectuelle, culturelle et sociale à peu près constante, typique du dispositif intellectuel tel qu'il s'est installé à partir de la première guerre mondiale tant dans les métropoles que dans les colonies africaines d'alors, et tel il s'est reproduit depuis sans grand changement »* [2].

La notion de participation a un côté paradoxal et flou, en ce sens qu'elle s'applique même à des pays où un Etat de droit n'existe pas. Elle est rarement abordée dans une perspective dynamique. Le développement participatif s'inscrit dans une approche fonctionnaliste, ce n'est pas un hasard, si des institutions comme le F.M.I., la Banque Mondiale et des États où la liberté d'expression n'existe pas se réapproprient ce thème.

Il semble important que la réflexion soit centrée non seulement sur les formes de participation, mais aussi sur les préalables qui conditionnent sa réussite. La participation des populations comme mode d'action pour le développement comprend une dimension politique, elle pose implicitement le problème de la démocratie, de la décentralisation et du partenariat. De ce fait, il apparaît que les fondements de la légitimation du développement "communautaire" ou participatif doivent évoluer. En effet, il est illusoire de continuer à faire une séparation radicale entre le domaine politique et le développement rural en Afrique. Le paysan de la vallée du fleuve Sénégal ne vit pas dans un "univers traditionnel"

---

1 Chaveau (J.P), Le modèle participatif de développement rural est-il alternatif? in Bulletin, Association Euro-Africaine pour l'anthropologie du changement social et développement, septembre 1992.
2 Chaveau (J.P), op. cit., P 20.

amorphe, face à un Etat modernisateur. Il est objet de la politique de cet Etat et acteur dans son village.

La désacralisation de l'Etat comme acteur exclusif du développement

La relation verticale entre Etat et population a montré ses limites. Elle a provoqué l'échec des programmes de développement et engendré certains comportements des populations qui ont cherché à "profiter" au maximum d'un projet sans se soucier des conditions de sa réussite (cf P.I.V. financés par les organismes).

Si un nombre croissant de chercheurs et d'organismes d'aide à l'Afrique reprennent le thème de la participation, cela est lié, entre autres, aux faillites des politiques appliquées par les pouvoirs publics africains et à la relativisation des modèles théoriques de développement.

L'échec de l'Etat comme acteur exclusif du développement et de la "modernisation" a conduit à sa désacralisation. Désormais, on redécouvre la nécessité de trouver dans la société des interlocuteurs capables de prendre le relais.

En Mauritanie, seul l'Etat semblait en mesure d'impulser et d'orienter le développement, mais il s'est souvent manifesté à la population sous son aspect répressif et "prédateur". Dans ce pays où le moindre "petit vol" provoque une désapprobation sociale, les détournements de fonds publics ne sont pas socialement sanctionnés. Les raisons invoquées pour expliquer ce type de comportement renvoient d'une part à l'intensité et à la persistance des solidarités tribales et ethniques, d'autre part à la non valorisation de la notion de bien public, celle-ci restant une abstraction pour la majorité de la population.

Pendant longtemps, au nom de la raison d'Etat et des considérations géopolitiques, les partenaires occidentaux des pays africains ont fermé les yeux sur les projets de prestige et les détournements de l'aide internationale. A ce sujet, Anne de Lattre déplore une certaine complaisance des États occidentaux :

> «*il s'est trouvé, affirme-t-elle, que pour des raisons politiques et financières, les pays occidentaux sont devenus complices des*

stratégies mises en place par les États africains » [1]

La recherche de modes d'actions plus appropriées aux ressources et aux moyens des populations locales doit être replacée dans le cadre socio-politique des pays africains et de la logique des acteurs. Il faut tenir compte des réalités sociales et culturelles des paysans. Toutefois, J.P. Olivier de Sardan met en garde les "développeurs" contre la tentation "d'un discours langue de bois". Il souligne le caractère inopérant sociologiquement " de la notion de besoin" et dénonce "les connotations morales et idéologiques" que véhicule ce mot. Il rappelle ainsi que

"tout projet de développement est un pari sur les comportements des acteurs sociaux". [2]

La participation serait-elle un moyen efficace pour gagner ce pari ? Guy le Bortef rappelle que si la participation reste posée comme une condition du développement, "sa raison évolue, les raisons idéologiques cèdent le pas aux raisons économiques"[3].

Le développement rural, pour être efficace, doit s'appuyer sur les paysans en leur offrant des moyens adéquats. Il est dommage que les pouvoirs publics continuent à "ponctionner" les paysans pour subventionner "des formations inadaptées"[4]. Cette appréciation de Guy Belloncle n'est pas dénuée de tout fondement et pose un problème réel, celui du rôle de la formation dans le développement. Il y aurait effectivement beaucoup à dire sur le dysfonctionnement du système éducatif en Afrique. Toutefois, il faut éviter de verser dans une approche populiste opposant de "bons paysans" travailleurs et des

---

1 Lattre (A.de), Les agences de coopération peuvent-elles aider le secteur privé à devenir un moteur de développement en Afrique? Club du Sahel, octobre 1991, P.4.
2 Sardan (J.P.O.de), Paysans, experts et chercheurs en Afrique noire, Paris, Ciface, Karthala, P 40.
3 Bortef (G.le),in Cahiers de l'institut universitaire d'étude du développement, Paris, P.U.F., 1988, P 68.
4 Belloncle (G), La question paysanne en Afrique noire, Paris, Karthala, 1982,110 p.

"bureaucrates" payés à ne rien faire. Il n'en demeure pas moins, comme nous l'avons nous même souligné, que le secteur rural a souvent été ignoré par les pouvoirs publics. En 1981, les sommes affectées à l'agro-pastoral en R.I.M. représentent 0,7 % du crédit total destiné aux autres secteurs[1]. Les crédits accordés aux services sont huit fois et demi plus importants que ceux affectés au secteur rural. Cette situation a conduit certains observateurs du Ministère de la coopération française à conclure qu'on assiste en Mauritanie "à un déplacement progressif de la base économique du pays, du secteur productif vers le secteur tertiaire"[2]. Pour éviter la marginalisation du secteur rural qui fait vivre plus de la moitié de la population, rural, de plus en plus d'observateurs préconisent une réelle décentralisation pour favoriser l'instauration d'un véritable développement régional se fondant sur les associations de paysans et d'éleveurs.

Le développement "communautaire" suppose une faible impulsion de l'extérieur. Il s'assigne comme objectif, en s'appuyant sur les "valeurs de la société", la participation des populations à l'élaboration et à l'exécution des projets. Toutefois, ce serait une erreur de ne retenir dans ce mode de développement qu'une collaboration des paysans pour obtenir un meilleur rendement économique. Il ne faut pas oublier que, comme le souligne R. Pottier :

> « *La politique du développement communautaire vise par définition à transformer la réalité sociale, au moins à canaliser les changements, et implique une intervention de l'Etat* »[3]

Les acteurs exogènes à la société rurale (O.N.G., Etat, organismes internationaux) doivent surtout servir d'aiguillon et d'encadrement, lorsque les possibilités de "régénération" endogène restent faibles, car l'ambition est de faire en sorte que les changements viennent de la communauté et ne soient pas imposés de l'extérieur.

---

1 Document ministère de la coopération, Analyse et conjoncture, Paris, 1982, P 73.
2 Document ministère de la coopération, 1982.
3 Pottier (R), op.cit. p 664.

Certains sociologues et anthropologues comme R. Bastide, A. Meister, G. Balandier, avec des orientations théoriques différentes, montrent que les sociétés africaines ne sont pas égalitaires et qu'elles restent hiérarchisées. Ce constat remet-il en cause la thèse de ceux qui estiment que l'organisation sociale de la société africaine constitue un atout pour le développement ?

A.Meister[1] pose un certain nombre de conditions pour que la participation comme mode d'action pour le développement ne soit pas récupérée par les hiérarchies sociales traditionnelles. Il préconise de ne pas s'appuyer sur les leaders traditionnels et de se démarquer des structures traditionnelles qui constituent un frein au développement. Celles-ci, selon lui, ont pour fonction d'assurer la cohésion du groupe, de désamorcer tout processus pouvant conduire au conflit social. Quant à G. Gosselin , il semble opter pour une stratégie de la transition négociée. Il recommande de "prendre en compte les formes traditionnelles de coopérative en évitant qu'elles ne soient le fondement exclusif du développement". Il ajoute que parallèlement, il faut élaborer une théorie de "passage capitaliste minimum" qui impliquerait "une phase d'individualisation des rapports sociaux, fondements sociologiques de toute forme moderne de coopérative"[2].

G. Gosselin préconise une méthode graduelle de transformation socio-économique qui tienne compte partiellement des contraintes du moment, c'est-à-dire des structures sociales traditionnelles. G. Belloncle qui a travaillé sur le Mali et le Sénégal, pays dont une partie de la population est ethniquement et culturellement identique à la population négro-africaine de Mauritanie, avance une thèse opposée à celle de A. Meister et de G. Gosselin.

Cet auteur nous fait remarquer qu'il existe suffisamment de ressources dans la "tradition africaine"[3] pour concevoir un

---

1 Meister (A), L'Afrique peut-elle partir?Changement social et développement en Afrique orientale, Paris, Seuil, 1966, P 450.
2 Gosselin (G), Formation, Stratégie de transition en Afrique tropicale, Thèse d'Etat, Université Paris 5, 1973, p 814.
3 Belloncle (G), La question paysanne en Afrique noire, op. cit. 120P.

système d'organisation socio-économique viable. L'auteur, en formulant son hypothèse centrale qui considère les structures traditionnelles comme base du développement, part du constat que celles-ci disposent d'un certain nombre d'atouts qui sont entre autres la cohésion sociale et le libre accès à la terre. Il évoque aussi le type d'habitat qui reste un facteur important dans la vie du groupe. Il met l'accent sur la "palabre africaine" comme mode de prise de décision. Il écrit à ce sujet :

> « si j'avais à indiquer quel fut pour moi l'acquis sociologique le plus important de cette période sénégalaise, je dirais que ce fut incontestablement la découverte dans les faits des modes de fonctionnement de la palabre et de la recherche de l'unanimité, traits constitutifs de ce que certains ont appelé la démocratie traditionnelle africaine [1]

G. Belloncle met l'accent aussi sur l'homogénéité économique et la faible différenciation sociale des paysans comme des facteurs de renforcement de la solidarité de la communauté villageoise. Tous ces éléments confèrent aux structures traditionnelles, selon l'auteur, une certaine prédisposition favorable à l'éclosion "d'une entreprise villageoise de développement". Cette entreprise serait un lien privilégié de capitalisation économique (coopérative, gestion commerciale) et intellectuelle (école rurale). Il donne l'exemple des paysans de Koutiala au Mali "qui ont su réinventer" le principe de la caution solidaire pour "l'emprunt concernant les achats de matériels agricoles dont le village a besoin, démentant ainsi "le conformisme et le manque d'initiatives" dont on les accuse souvent.

G. Belloncle, en parlant de capitalisation économique, ne précise pas comment se fera le processus d'accumulation, il omet aussi de souligner que dans la "palabre africaine", la

---

1 Belloncle (G), Structures villageoises et Stratégies de développement, projets coopératifs et projets éducatifs en Afrique noire, Paris, Bureau d'études coopératives et communautaires, 1981, P 6.

décision finale revient aux catégories dominantes et aux aînés en général. Il faut rappeler aussi (cf. chap II) que les sociétés halpularen et soninké sont hiérarchisées et que la terre reste un élément fondamental du pouvoir socio-politique des catégories dominantes de la vallée du fleuve Sénégal.

Dans l'histoire polysémique de la notion de communauté, nous retrouvons un trait constant : une faible différenciation, une forte cohésion sociale du groupe. Dans la région de la vallée du fleuve, la communauté villageoise est une totalité contradictoire à dominante consensuelle grâce aux mécanismes d'autorégulation de la société.

Il apparaît de plus en plus à de nombreux spécialistes du développement en Afrique que l'échec des projets n'est pas imputable aux blocages socio-culturels de paysans hostiles au progrès et à la modernisation. Déjà en 1960, G. Balandier écrivait :

> « *il est devenu banal d'insérer, dans toute étude envisageant, sous quelques aspects, le problème du développement économique en pays "attardé", une référence aux structures traditionnelles* »[1]

On assiste à l'émergence d'une nouvelle problématique qui tient davantage compte de la logique des acteurs. Désormais, pour la plupart des opérateurs du développement rural dans le Sahel, il faut s'atteler à favoriser la constitution de groupements paysans autonomes. Cette structure ne servirait plus uniquement de relais à des politiques de développement conçues par d'autres. Pour être efficace et opérationnelle, elle doit avoir des relations de partenariat avec les différents acteurs qui interviennent dans le développement villageois, voire régional. Cette nouvelle vision des rapports des paysans avec les pouvoirs publics ou les O.N.G., est liée en partie au contexte socio-politique international. Ainsi, comme le souligne PH. Lavigne, nous constatons que s'il se passe

> *"quelque chose de nouveau sous le soleil du développement, peut-être est-ce dans la*

---

1 Balandier (G), Structures sociales traditionnelles et changements économiques, Cahiers d'études africaines, Paris, janvier 1960, n°1, P 1.

foulée de débats sur la société civile et la ruine de prétentions hégémoniques de l'Etat » [1]

2. LA SOCIÉTÉ CIVILE

Parmi les solutions proposées pour sortir l'Afrique de la crise, on évoque de plus en plus le rôle du secteur privé et de la société civile. Pour ce qui est du secteur privé, des observateurs comme A. de Lattre doutent de sa capacité à servir de locomotive car, "sa situation n'est guère meilleure que celle de l'Etat" (2) à cause entre autres du fait qu'il n'a souvent été qu'un appendice de celui-ci.

La persistance de la crise, la faiblesse économique et sociale des principaux acteurs conduisent à adopter une solution intermédiaire. Il est politiquement et économiquement dangereux de disqualifier l'Etat dans un pays multiethnique comme la Mauritanie, malgré ses échecs dans de nombreux domaines. Il s'avère indispensable de s'acheminer vers une approche plus équilibrée. Ainsi, comme le suggère B. Bâ, il est nécessaire :

> « *de garantir la présence, la concurrence et la complémentarité émulative entre le secteur de l'Etat, l'initiative privée et les actions associatives et volontaires* » [3]

Nous constatons que même dans le cas de figure d'une cohabitation de trois acteurs potentiels, on accorde de plus en plus de crédit à la société civile. Toutefois, très souvent, les contours théoriques de cette société civile ne sont pas définis, et ses atouts économiques et politiques ne sont pas précisés.

---

1 Lavigne (P), op.cit., P 35.
2 Lattre (A.de), op.cit., P 1.
3 Bâ (B), La place et le rôle de l'action volontaire dans les économies africaines, Cotonou, janvier, 1991, P 1.

D. Colas nous rappelle que :
> « *la société civile s'entend par opposition à une série d'autres notions : la famille, l'état de nature et, dans ce cas, elle est identique à ce que la science politique moderne nomme "Etat", mais plus tard elle en sera distinguée ou lui sera opposée* »[1]

P. Marchesin, tout en soulignant les limites de l'application du concept de société civile aux sociétés non occidentales, estime qu'il englobe "tous ceux qui sont exclus du projet étatique"[2] Autrement dit, l'émergence de ces nouveaux acteurs serait une réponse à l'absence d'intervention positive de l'Etat dans le domaine les concernant. Mais peut-on évoquer la société civile comme facteur ou locomotive du développement dans un pays comme la Mauritanie? Notre interrogation ne renvoie pas nécessairement à une corrélation entre multipartisme et développement, d'autant qu'on peut nous opposer des faits qui valident ou infirment ce type d'hypothèse. Il nous semble que la valorisation des potentialités économiques et sociales de la société civile par "l'opinion" internationale participe surtout à un dispositif de légitimation des acteurs autres que l'Etat. Cependant, en Mauritanie, les acteurs provenant de la société civile ne seront efficaces et fonctionnels qu'avec l'instauration d'un Etat de droit capable de résister aux pressions tribales et ethniques.

En Mauritanie, la politique sectaire appliquée par le pouvoir à partir de 1988, sous l'influence d'un certain nationalisme arabe, fait que la logique communautaire sous-tend le comportement de la plupart des Mauritaniens. Ainsi, au sein des Négro-Africains, un discours se développe sur la nécessité de la solidarité des "Noirs" face à l'ethnocentrisme "des Arabes". Nous reconnaissons que la question des solidarités tribales et lignagières demeure complexe dans un pays multi-ethnique comme la Mauritanie et qu'elle ne saurait être réglée par un discours incantatoire. Le problème de la cohabitation entre les

---

1 Colas (D), Le glaive et le fléau, généalogie du fanatisme et de la société civile, Paris, Grasset, 1992, P 35.
2 Marchesin (P), Tribus, Ethnies et Pouvoir en Mauritanie, Paris, 1992, P 35.

différentes ethnies conduit les élites des communautés arabes, soninkés, halpularen et wolof à adopter une stratégie qui en fait les uniques gestionnaires et représentants de leurs ethnies.

J.W. Lapierre et A. Pruginier[1] nous révèlent de façon pertinente les différentes stratégies des élites de la communauté dominée pour négocier avec les "représentants" de la communauté dominante leur "position d'intermédiaire" dans un pays multiethnique. Ils décrivent la panoplie d'attitudes qu'on peut observer en fonction des situations politiques et des objectifs des élites de la communauté dominée. Dans le cas de la Mauritanie, la "stratégie dite offensive" constitue une des réponses possibles à la problématique socio-politique du pays. Les auteurs précisent que :

> *"sa réussite (exceptionnelle) serait plus ou moins à long terme l'abolition du rapport intercommunautaire dans les systèmes sociaux, ce qui exige une profonde transformation de ces systèmes "* [2].

Cela suppose aussi la disparition du clientèlisme ethnique et l'instauration des institutions qui assurent la gestion juste des rapports intercommunautaires.

Les actions socio-économiques menées par des groupements villageois, des associations de solidarité, les associations culturelles dévoilent, dans le cas de la R.I.M., non seulement l'imbrication entre le politique et l'économique, mais aussi l'interaction entre le politique et les considérations tribales et ethniques. A. Touraine qui évoque l'ambiguïté "de la notion d'identité" collective indique qu'elle peut avoir

> *"une forme contre-offensive par laquelle une minorité socio-culturelle affirme sa capacité*

---

1 Lapierre (J.W) et Pruginier (A), Les conflits ethno-linguistique: un cadre d'analyse socio-économique in Cahiers internationaux de sociologie, VLXXIX, PP 295-311.
2 Id. ibid. , p.308.

d'action autonome dans le processus de changement social" ⁽¹⁾.

Le recours à la société civile constitue un axe de réflexion et d'action pour tous ceux qui ne conçoivent pas seulement le développement en terme de croissance économique, domaine réservé de l'Etat et du secteur privé. Ainsi, selon R. Bendix, la société civile comprendrait

> « *toutes les institutions dans lesquelles les individus peuvent suivre des intérêts communs sans direction ou interférence du gouvernement* »⁽²⁾

Si nous retenons la définition de P. Marchesin et de R. Bendix de la société civile, nous pouvons affirmer que dans les pays de l'O.M.V.S. les associations ont un rôle à jouer dans la transformation économique et politique de leur pays. Nous constatons que dans les régions d'émigration de la Mauritanie, la plupart des organisations villageoises de développement sont crées à l'initiative des immigrés. En général, elles dépendent de l'association des immigrés en France. On remarque qu'elles évoluent vers une certaine autonomie d'appréciation des investissement à faire au village, ce qui provoque, parfois, un décalage dans l'approche de la gestion de certains projets entre immigrés et villageois. Pour de nombreux responsables d'associations avec lesquels nous nous sommes entretenu dans le cadre d'une étude pour le G.R.D.R. ⁽³⁾, la divergence entre eux et les villageois traduit une certaine évolution des deux parties qui ne correspond nullement à une lutte d'influence pour "le pouvoir". Selon les immigrés, cette différence de vue n'est qu'un épiphénomène mineur, par rapport à ce qui fonde les relations immigrés-villageois, à savoir l'appartenance à un village qu'il faut aider. Nous constatons néanmoins que de plus

---

1 Touraine (A), Les deux faces de l'identité, in production et affirmation de l'identité(sous la direction de Pierre Tap), Actes du colloque international de septembre 1979, Toulouse, Ed.Privat, 1980, vol1, P 25.
2 Bendix (R) in Badie (B), Gerole (J), Lexique de sociologie politique, Paris, P.U.F., 1978, P 25
3 Yatèra (S), Les relations associations de migrants-O.N.G. en France, Paris, G.R.D.R., juin 1992, 20p.

en plus de villageois et d'anciens immigrés préconisent un nouveau type de rapport entre eux et l'association de migrants.

A Golléré[1], village sénégalais de la région du fleuve, il existe un comité pour le développement. Il a été crée grâce à l'esprit d'initiative d'un immigré rentré définitivement au pays et à la coopération de l'instituteur du village. A l'actif de ce comité, la revalorisation du savoir-faire local : la teinture et l'organisation des femmes dans une association. Pendant l'entretien que nous avons eu avec les femmes, ces dernières ont mis l'accent sur l'apport de cet ancien migrant sur le plan organisationnel et sur celui de réseaux. Comme elles l'ont souligné, le savoir-faire et la volonté seuls ne suffisent plus, car l'indigo et les tissus coûtent de plus en plus chers. Grâce à l'ancien immigré, elles ont pu bénéficier d'un appui financier de 10 000F du G.R.D.R., ce qui leur a permis d'acheter du tissu, et aussi de tenir un petit commerce pour doter l'association d'un fonds permanent. Chaque adhérente qui prend un tissu doit verser des arrhes pour éviter que la caisse ne soit vide. Le remboursement sans intérêt de l'emprunt se fait dans un délai de deux mois.

Pour améliorer leurs techniques, elles ont suivi un stage de huit jours organisé par le G.R.D.R. qui a fait venir du Mali un professionnel de la teinture. Elles se perfectionnent sur le plan technique ainsi que dans le domaine des relations publiques. Elles essaient, à travers différents réseaux, de faire apprécier leur savoir faire à l'extérieur de leur région, afin d'éviter d'éventuels problèmes d'écoulement de leurs produits.

Cet exemple montre qu'on doit relativiser l'idée communément admise présentant les populations des zones d'émigration comme des assistés, qui attendent tout des immigrés. Il nous semble parallèlement peu judicieux de continuer à se demander si les O.N.G. doivent privilégier dans leurs rapports les villageois au détriment des immigrés, sous prétexte que les véritables acteurs des projets productifs restent les villageois. Cette question mériterait d'être posée si les objectifs poursuivis par les associations d'immigrés s'opposaient à un "développement endogène". Est-ce que le

---

1 Enquête réalisée dans le cadre des études de cas de l'étude "Immigration et Développement" de l'Institut Panos., juillet 92.

soutien apporté à des projets proposés par les immigrés nuit à la dynamique villageoise ?

On nous cite souvent le cas de villageois qui se seraient contentés de puits, alors que les immigrés, séduits par ce qu'ils voyaient en France, leur ont imposé des forages, beaucoup plus onéreux. L'inverse se produit également, du fait du mimétisme social et d'un localisme prononcé, qui sont alimentés par des concurrences de "type traditionnel" peu compatibles avec le développement.

Les partenaires des associations de migrants commettraient une erreur si elles se laissaient enfermer dans une vision dichotomique qui n'a aucun fondement socio-économique. Il ne faut pas perdre de vue que l'immigré constitue un "investissement" pour la famille. Il tire une grande partie de sa légitimité de son degré d'implication dans les actions en faveur du village. Quant aux villageois, ils parlent avec enthousiasme et fierté des réalisations de "leurs enfants" lorsqu'ils rencontrent des observateurs extérieurs. Il est évident que cela ne signifie pas toujours qu'il n'y a pas de contradiction entre villageois et immigrés.

Il faut se méfier de l'illusion de la transparence de la réalité sociale, et ne pas oublier que le village n'est pas une abstraction. Ainsi, malgré tous les mécanismes de dissimulation, voire de dénégation des contradictions éventuelles entre immigrés et villageois, que l'on retrouve dans les discours des uns et des autres, il arrive que les villageois et les immigrés soient "concurrents" pour le contrôle d'un projet. Cela constitue rarement une menace pour le bon déroulement du projet dans la mesure où la contrainte sociale limite la plupart du temps les effets négatifs de ce type de conflits. Cependant, l'essentiel réside dans la particularité des zones d'émigration où l'on peut instaurer une coopération entre O.N.G., immigrés, villageois et Etat. La question du choix entre les villageois et les immigrés dissimule un choix politique qui pose en définitive le problème de la répartition du pouvoir entre O.N.G. et associations d'immigrés dans la gestion des sociétés rurales de la vallée du fleuve Sénégal. La relation immigrés-villageois, et O.N.G.-associations d'immigrés s'insère dans un contexte socio-économique et socio-culturel qu'on ne peut ignorer. On doit intégrer dans l'analyse les évolutions qui se sont produites au sein de l'immigration africaine en France et dans les villages.

Désormais, les projets réalisés par les immigrés ne servent plus principalement à valoriser l'image de marque de ces derniers, ils contribuent surtout à changer un certain nombre de comportements sur le plan économique et social.

Le développement "participatif" suppose une autonomie d'action des acteurs et l'instauration d'un partenariat véritable où les compétences de chacun doivent être utilisées à bon escient. C'est dans cette optique que les associations d'immigrés sont susceptibles de constituer dans la conjoncture actuelle un atout pour leur région d'origine.

3. LES ASSOCIATIONS DE MIGRANTS COMME APPUI AU DÉVELOPPEMENT DES RÉGIONS D'ORIGINE

Il est de coutume, en abordant le problème de l'immigration africaine en France, d'insister sur sa fonction de redistribution de la richesse au profit des membres de la famille restée au village. Cependant, nous ne devons pas perdre de vue qu'elle introduit aussi des différenciations économiques au sein de la famille élargie. Ces effets classiques de l'immigration ont toutefois peu d'incidence sur le développement du village. Il s'avère que c'est l'association des immigrés en relation avec les structures associatives villageoises qui est déterminante dans le processus de transformation économique du village.

La notion de développement couvre un champ que ne maîtrisent toujours pas les immigrés. Cependant, si nous nous penchons sur les réalisations des associations, nous constatons que l'apport des migrants est considérable sur le plan matériel et organisationnel. Il est utile de rappeler, pour mieux saisir la signification des investissements, que le discours des leaders d'association sur la fonction des projets a évolué. Désormais, selon de nombreux dirigeants immigrés, les projets ne servent plus ni à préparer le retour définitif des immigrés, ni à améliorer la rente migratoire. Leur rôle consiste à préparer les conditions de "l'autonomie" du village par rapport à l'émigration. Il est évident qu'il existe une contradiction entre ce type de discours et la nature des investissements. Il arrive que des observateurs oublient, lorsqu'ils opposent les "projets d'équipement" aux projets productifs", d'intégrer la notion du temps, les conditions d'émergence du mouvement associatif et son mode de légitimation. Ils ont une vision évolutionniste des associations de migrants. Cette vision par étape donne un ordre de progression linéaire; la mosquée, les bâtiments (écoles, dispensaires), les projets productifs (périmètres irrigués, coopératives). Notons que dans la mesure où les revenus financiers permettent de pallier le déficit de la production agricole, les immigrés privilégient les réalisations dans le domaine de l'école, des puits et de la santé (cf. chap IV). Rappelons que dans un pays comme la Mauritanie où le taux de mortalité infantile est de 127/1000 (1), l'Etat continue à diminuer les sommes affectées au secteur de la santé. La part du budget consacrée à la santé qui était de 5,1 % en 1974 est Cette vision

De façon empirique, les migrants ont compris l'importance de la santé et de l'école dans le développement de tout pays. Si ces institutions n'ont pas toujours obtenu des résultats probants, la faute en incombe à ceux qui conçoivent les politiques de santé et d'éducation dans les pays d'origine. Nous pensons que les associations d'immigrés ne peuvent supplanter l'Etat dans le domaine de la conception, du suivi et de l'encadrement. Toutefois, elles rivalisent avec lui au niveau des réalisations comme l'atteste l'enquête Panos, exploitée par une équipe du G.R.D.R.

Le tableau 1 ci-dessous nous informe sur les réalisations des différents acteurs intervenant dans les zones d'émigration en RIM.

Tableau I

Nature	Emigrés	Etat	O.N.G.	Total	%apports migrants
Puits	6	10	2	18	33,5 %
Forage	7	7	0	14	50 %
Mosquée	7	0	0	7	100 %
Pharmacie	8	0	0	8	100 %
Dispensaire	8	5	1	14	57,8
École	10	7	1	18	55,5 %
Banque de céréales	4	3	3	8	50 %
Coopératives commerciales	3	0	0	3	100 %

Ces indications montrent un fait essentiel: la "prépondérance" des immigrés dans des secteurs clefs comme la santé ou l'école. Pour éviter toute polémique quant à la fonctionnalité de certaines réalisations, précisons que le temps où les immigrés construisaient des écoles et des dispensaires sans s'assurer que l'Etat leur fournirait le personnel compétent est révolu. Dans certains cas, notamment au Mali, les migrants, pour obtenir le personnel nécessaire, s'engagent à payer le salaire de l'infirmier ou de l'enseignant.

Tableau II

Rang	Nbre de citations	En I	en II	en III	Total
1er	Dispensaire et maternité	10	15	13	38
2ème	Puits	13	9	13	35
3ème	École	2	15	9	26
4ème	Magasin et coopérative	12	7	5	24
5ème	Mosquée	16	5	2	23
6ème	Banque de céréales	5	2	4	11

Les migrants ont répondu prioritairement aux demandes des villageois, c'est ce que laisse apparaître le tableau II ci-dessus. Dans la même enquête, on a demandé aux villageois de citer parmi les réalisations, par ordre de préférence, celles qui sont les plus importantes à leurs yeux. Cette enquête concerne 100 villages du Mali, du Sénégal, de Mauritanie, mais seuls 91 ont répondu.

Dans le chapitre IV, nous expliquons pourquoi les immigrés mauritaniens privilégient dans leurs investissements la mosquée, l'école et la santé. Tout en tenant compte des situations nationales, notamment de l'effet des politiques des trois États sur leur population, on peut porter une appréciation globale sur l'évaluation par les villageois des réalisations faites par les immigrés.

Il existe au moins deux façons de lire ce tableau. On peut retenir que la mosquée est classée 5ème, et que par conséquent elle ne joue plus son rôle culturel et idéologique de structuration et de renforcement des liens entre le village et ses émigrés. Dans une étude menée en 92 pour le G.R.D.R., nous avons constaté qu'aucune des vingt associations rencontrées ne cite la mosquée parmi ses réalisations. De la part des responsables d'immigrés qui ont déjà donné des gages de "fidélité" aux hiérarchies sociales en France et au village, cela correspond à une réelle évolution des associations qui s'orientent vers le développement. Mais de la part des villageois, cela peut paraître surprenant.

On peut faire une autre lecture de ce tableau en privilégiant le fait que la mosquée a été citée 16 fois en 1ère position et que, donc, il s'agit d'une réalisation qui demeure fondamentale aux yeux de la population. Nous devons prendre en compte dans l'analyse des enquêtes les stratégies des acteurs et le jeu social dans lequel ils sont impliqués. La première explication de ce score de la mosquée est d'ordre méthodologique. L'enquête a concerné principalement les membres de bureau d'association. Interrogé publiquement, il est difficile à un responsable d'association d'un certain âge dont le village possède une "belle mosquée" de ne pas la classer en première position. Les données dont nous disposons sur cette enquête ne nous permettent pas d'affirmer qu'il existe une corrélation entre la moyenne d'âge des membres de l'association villageoise, le nombre de femmes et le type de préférence. Cependant, nous rappelons que dans les villages d'émigration, les femmes, les enfants et les hommes de plus de 50 ans constituent l'essentiel de la population.

Les deux lectures, apparemment contradictoires, traduisent l'alliance de deux systèmes. Ainsi, nous avons une réaffirmation "publique" des principes religieux et des garde-fous sociaux (score de la mosquée "plébiscitée" dans un premier temps) et une reconnaissance des bienfaits "matériels" pour la population des dispensaires, des puits, de l'école. Les problèmes de santé spécifiques à la région, les représentations relatives à l'efficacité de la médecine moderne, (même si cela n'empêche pas un malade de consulter parallèlement le guérisseur ou le marabout) sont à l'origine du score de cette réalisation.

Le fait que la banque de céréales vienne en dernière position traduit un double problème. Leur nombre réduit et la nature de leur fonction expliquent en partie pourquoi les populations ne les apprécient pas encore à leur juste valeur. Il nous semble que les villageois ramènent le rôle de la banque de céréales à celui d'une boutique où l'on va acheter ce dont on a besoin. Cette attitude n'est-elle pas renforcée par le système de fonctionnement des magasins de coopératives qui permettent à distance aux immigrés de gérer le budget des familles ?

L'aide au développement des immigrés peut s'appuyer sur deux axes : la revitalisation et le renforcement des structures existantes au village d'une part, et la recherche de partenaires d'autre part. Ces deux axes recoupent la triple fonction des immigrés que nous avons évoquée tout au long de notre travail. Ils sont des bailleurs de fonds, des novateurs et des médiateurs. L'action qui semble favorable à l'accélération du processus de transformation socio-économique du village est la participation des associations à l'émergence et à la consolidation de structures par la formation et l'appui financier. Ainsi, de façon tacite, indirecte, les immigrés contribuent, à leur manière, à la renégociation des rapports sociaux au village.

A l'interface de deux sociétés, les immigrés servent de médiation entre le pays d'accueil et leur région d'origine. Ils ont réussi par leurs actions à faire connaître des zones délaissées et à attirer l'attention des Organisations Non Gouvernementales - ONG- et, en France, des collectivités locales à travers le jumelage-coopération. Désormais, même les autorités mauritaniennes leur reconnaissent explicitement ce rôle d'intermédiaire. Face aux difficultés financières rencontrées pour la réalisation de leur programme, certains organismes d'Etat n'hésitent pas à recommander aux immigrés de se tourner vers leurs partenaires occidentaux. Nous avons l'exemple d'un responsable de la société d'économie mixte de construction et de gestion immobilière qui n'a pas hésité à adresser une lettre aux immigrés de l'union des travailleurs mauritaniens en France. Il souligne que son établissement n'arrive pas à obtenir des banques locales de financements adaptés au logement social, à un taux d'intérêt bas (2% à 3%); par conséquent, écrit-il,

« nous faisons appel à votre contribution dans la recherche de financements adaptés en particulier au niveau des organisations

d'aide au retour et à la réinsertion des travailleurs immigrés et éventuellement de certaines O.N.G. »[1]

Ces quelques lignes extraites de la lettre montrent que les pouvoirs publics ne considèrent plus uniquement les immigrés comme une source de devises. Cette situation nouvelle traduit toutefois aussi une certaine méconnaissance du rôle des O.N.G. considérées abusivement comme des philanthropes aux moyens financiers "illimités".

4. LE PARTENARIAT

Le partenariat entre associations de migrants, ong et structures associatives villageoises est une relation économique et sociale qui met en rapport des acteurs aux logiques et stratégies différentes. Son analyse ne doit pas occulter les mécanismes de productions et de reproductions des partenaires ni leurs représentations, pour s'appesantir uniquement sur le volume financier des bailleurs. Cet aspect est d'autant plus important que les ong se fixent, entre autres, comme objectif de contribuer au renforcement de la légitimité des acteurs locaux en matière de mobilisation des ressources et de prise de décision. Pour atteindre cet objectif, les ong doivent privilégier une démarche qui doit aboutir à une contractualisation des relations, en précisant les responsabilités et les obligations de chacun des partenaires. Car, ne perdons pas de vue que la crise et les plans d'ajustement structurel ont élargi le champ d'action et le pouvoir des organisations de solidarité internationale, en rétrécissant ceux des États africains.

Les ong : nouvelle courroie de transmission de l'aide au développement?

Dans un contexte où leur pouvoir s'accroît, les O.N.G. doivent engager une réflexion sur l'objectif et la finalité de leur

---

1 Lettre, Projet logement travailleurs immigrés, Socogim, Nouakchott, 23 septembre 1992, P 1.

intervention. On soulignera que, le débat sur l'importance de l'action volontaire et du partenariat dans le processus du développement des pays africains ne se situe pas seulement au niveau de la rationalité économique. Il introduit aussi une interrogation sur les rapports socio-politiques entre les différents acteurs et pose le problème du dépassement de la notion de projet qui est le fondement de la logique d'intervention de nombreuses ong.

De plus en plus d'organisations de solidarité internationale ne limitent plus leurs actions à l'aide d'urgence. Elles sont devenues "des opérateurs de développement" et fondent leur légitimité sur leur compréhension des sociétés pour lesquelles elles se mobilisent et sur leur capacité à atteindre des régions ignorées par les programmes officiels de développement. Toutefois, le partenariat ne saurait se réduire ni au volontarisme, ni à la philanthropie, ni à un acte caritatif localisé. Il implique une reconnaissance mutuelle du rôle et de la place de chacun des acteurs (ong, immigrés, association villageoise) dans le développement.

A travers les organisations de solidarité internationales, la société civile européenne joue un rôle dans l'aide au développement des pays africains. Pour être efficace, son action ne peut se réduire à un palliatif de la déficience du système de coopération interétatique. Un véritable partenariat entre société civile du Nord et pays du Sud suppose une nouvelle forme de relation. Celle-ci devant aboutir à une rupture avec une démarche institutionnelle qui disqualifie les savoirs-faire locaux et considère les populations comme devant recevoir un modèle civilisationnel moderne pour améliorer leurs conditions de vie. En fait, la problématique du partenariat est indissociable de celle de l'organisation et de la participation des populations pour la maîtrise et la gestion de leurs ressources et de la contractualisation des relations. C'est pourquoi, nous estimons que vouloir la limiter uniquement à une forme de solidarité matérielle Nord-Sud, sans se préoccuper de l'existence des conditions de sa réalisation est un leurre. Paradoxalement, l'action des ong dont l'un des objectifs est de renforcer l'autonomie des populations, en favorisant une dynamisation économique au niveau local, crée un engrenage de la dépendance vis-à-vis de l'extérieur. L'explication de ce paradoxe se trouve dans la nature des réalisations des ong et dans leur logique d'intervention. Lorsqu'un projet ne peut générer des fonds propres pour assurer sa pérennité, la stratégie des bénéficiaires risque de se réduire à une recherche effrénée de nouveaux bailleurs. De ce fait, l'action des ong ne contribue pas toujours à la légitimation des capacités locales, la participation des populations se limitant essentiellement à l'exécution des tâches. Invoquant des raisons techniques pour expliquer la non association en aval des supposés bénéficiaires du projet, certaines ong valorisent la participation à travers l'investissement travail. Cette notion qui sert de légitimation à posteriori de la démarche des organisations de solidarité internationale (O.S.I.) est un élément constitutif de leur idéologie. Le décalage entre le discours des osi et leurs pratiques résulte de leur difficulté à allier une logique de fonctionnement bureaucratique à un idéal participatif. Il montre les contradictions permanentes dont est porteur le partenariat tel que le pratiquent de nombreuses ong.

Une nouvelle forme de relation sociale et économique

Les organisations d'immigrés ont une capacité d'autofinancement qui constitue un atout considérable dans la recherche de partenaires. Contrairement à la plupart des associations du Sud, démunies financièrement, elles se présentent comme des "co-bailleurs" de projets. D'ailleurs, certains observateurs[1] n'hésitent pas à affirmer qu'elles détiennent un pouvoir similaire à celui des O.N.G.. Les associations de migrants ne seraient-elles, en fin de compte, que des O.N.G. déguisées qui refuseraient d'assumer leur nature ?

Le parallélisme entre association d'immigrés et O.N.G. ne tient compte que de la dimension financière, sous-estimant l'aspect technique qui reste fondamental dans la légitimation du rôle des O.N.G. du Nord en Afrique. L'aspect financier en soi nous paraît secondaire dans la mesure où il n'est qu'un effet induit des modes de légitimation de l'association et du contrôle social lié à l'appartenance. L'efficacité socio-économique de l'association demeure tributaire de la vivacité des liens sociaux entre les immigrés et le village. Il faut avoir à l'esprit que :

---

1 Propos recueillis lors d'une discussion avec des membres d'une ong.

> « la mobilisation des acteurs sociaux n'est forte que quand elle s'adresse à leurs valeurs, à leurs représentations, en même temps qu'à des intérêts souvent difficiles ou impossibles à définir en eux-mêmes »[1]

Il arrive que pour des raisons techniques ou en raison d'une conception différente du développement, une O.N.G. oppose un refus à la demande d'une association. Nous connaissons des exemples où l'association souhaite construire un dispensaire ou une école alors que l'O.N.G. estime que cela ne constitue pas une priorité pour les villageois qui auraient besoin d'un projet agricole. Dans la majorité des cas, les immigrés renoncent à l'aide financière de l'O.N.G., et demandant un effort financier aux adhérents de l'association pour réaliser leur projet. Cette initiative qui nécessite une contribution financière plus importante est souvent sous-tendue par un discours sur l'indépendance des associations. La "mobilisation des identités" comme mode d'action ne constitue pas une source de conflits entre O.N.G. et immigrés. Elle représente surtout un antidote contre les risques de perte d'autonomie et de pouvoir des organisations d'immigrés face à des partenaires puissants.

Les associations d'immigrés dépendent beaucoup de l'attitude de leurs responsables, selon que ceux-ci font ou non une priorité de la recherche de partenaires extérieurs. Nous avons constaté dans une étude que nous avons menée pour le G.R.D.R.[2], que la trajectoire des leaders est une variable importante dans la détermination des attentes et la perception du partenariat. Au cours de cette enquête, il est apparu que plus les réalisations de l'association sont importantes, plus ses leaders ont tendance à s'identifier au village et à développer un discours sur l'autonomie et la reconnaissance des immigrés comme acteurs du développement. Il existe aussi une corrélation entre les objectifs d'une association, son domaine d'intervention et la connaissance qu'elle a de ce que recouvre le partenariat.

Au cours de cette enquête, 35 % des associations ne mettaient en avant dans leurs relations avec les O.N.G. que la recherche

---

1 Touraine (A), op. cit., P 96.
2 Yatera (S), Les relations entre associations de migrants et O.N.G. en France, Paris, G.R.D.R./Panos, juin 1992, 20 P.

d'un financement. Ce sont souvent les associations "jeunes" qui en sont à leurs premières réalisations et qui voient dans la constitution d'une association loi 1901 un moyen de bénéficier d'une aide financière. Si l'argent occupe une place importante dans la recherche de partenaires, il n'en est pas la raison fondamentale pour 65 % des associations. Ces dernières insistent beaucoup sur l'aide technique notamment dans le domaine de la formation. Certains responsables précisent qu'ils veulent travailler avec les O.N.G.

« *qui ne cherchent pas coûte que coûte à leur imposer leur point de vue* »[1]

Dans toutes les enquêtes qui ont été faites sur les réalisations des immigrés, on constate une faiblesse dans le domaine agricole. A ce propos, il apparaît une évolution. Ainsi, 55 % des associations souhaiteraient avant tout que les O.N.G., les aident à monter un projet agricole et à en assurer le suivi.

Le localisme obstacle aux actions des migrants

Les responsables[2] d'association semblent avoir compris que leur émiettement constitue un handicap. En effet, ils n'arrivent pas à constituer un "lobby" qui compte en France et dans lequel se reconnaîtraient les immigrés des trois pays. Deux facteurs expliquent cette situation. Il y a d'une part la "jeunesse" des associations loi 1901 et les effets d'appartenance à un Etat et d'autre part le système de représentations de la plupart des adhérents et le mode de légitimation des associations villageoises.

Certaines personnalités du mouvement associatif négro-africain posent de plus en plus, comme préalable à l'efficacité et à la pérennité de leurs actions, la création d'un cadre fédéral.

---

1 Yatèra(S), op cit , P 7.
2 Les responsables d'associations maliennes, mauritaniennes et sénégalaises, qui ont participé au colloque "Immigration et Développement" à Evry, en juin 1992, ont créé un comité pour coordonner certaines de leurs activités. Ce comité travaille aussi pour la mise sur pied d'une structure où se retrouveraient les représentants des O.N.G.et de l'Etat pour mieux gérer et encadrer les projets de développement proposés par les associations de migrants.

L'union générale des associations du Guidimakha (L'.U.A.G.E.F.) est une résultante de cette dynamique. Regroupant vingt quatre associations villageoises, elle se fixe comme objectif immédiat la réalisation d'une pharmacie dépôt dans la capitale régionale (Sélibaby) qui fonctionnerait comme une mutuelle. Les immigrés originaires du Brakna, peu nombreux, ont réussi, grâce à l'initiative de deux associations villageoises, à mettre sur pied un cadre associatif régional englobant quatre communes. Cette fédération a un projet agricole qui concerne une vingtaine de villages. Elle multiplie les contacts avec certaines institutions financières en France pour obtenir un prêt pour lequel les immigrés se porteraient garants.

On constate actuellement, de la part des dirigeants d'association, une volonté de dépasser le cadre villageois en France et de favoriser dans les pays d'origine une dynamique inter-villageoise. Ces initiatives se heurtent souvent aux logiques villageoises, au mimétisme et aux rivalités. Elles ont aussi l'inconvénient d'engendrer des structures formelles lourdes sans réelle adhésion des immigrés de"base". Soulignons que dans le cadre du jumelage coopération, la commune, nouvelle entité socio-politique, est un cadre de concertation de plusieurs villages, sous la direction d'une équipe municipale élue. Les associations d'immigrés et leurs partenaires doivent intégrer cette réalité dans la conception de leur projet de développement.

Le partenariat est un moyen pour les associations d'immigrés de faire face aux exigences financières et techniques inhérentes aux projets productifs. Le nombre croissant de demandes de jumelage-coopération et de rencontres avec les associations de solidarité et les villes permet aux migrants d'avoir une ouverture sur la société française. Cette évolution se déroule dans un contexte social et politique en France peu favorable à l'immigration originaire du Sud. Elle est cependant importante, car c'est en persistant dans la recherche d'un véritable partenariat que les organisations de migrants contribueront au développement de leur région d'origine, sans inhiber les potentialités locales et sans développer une "mentalité d'assistés"au village. La création du réseau, structure regroupant des associations originaires des trois pays (Mali, Mauritanie, Sénégal), est une étape importante dans le décloisonnement des organisations d'immigrés et dans l'amorce d'une approche sous-régionale des problèmes.

CONCLUSION

Le mouvement associatif mauritanien (et, plus généralement, négro-africain) présente une certaine originalité qui n'est pas uniquement liée à sa grande capacité d'épargne.; Il s'avère en effet que, grâce à un mode d'organisation approprié, les immigrés s'investissent dans un processus de transformation socio-économique destiné à améliorer les conditions de vie des habitants de leur village. Un tel comportement manifeste une volonté de dépassement des solidarités ostentatoires qui marquent les attitudes traditionnelles de l'immigré négro-africain. Il signifie aussi, comme le souligne M. Diop que :

> *"le remodelage des structures communautaires a créé le passage en douceur des réseaux quasi-informels à des structures bien charpentées comme les associations"*[1]

Il est erroné, cependant, de penser que "ce passage en douceur" indique une absence de conflits entre les immigrés sur le rôle des associations villageoises (cf. études de cas).

Initialement, comme l'atteste notre enquête sur la destination et la ventilation des envois financiers, le projet migratoire se fonde sur l'obligation et le devoir prioritaire de soutenir matériellement la famille élargie restée au village. Parallèlement, l'immigré doit aussi épargner à des fins personnelles. La capacité d'accomplir sans faille ces deux tâches explique, entre autres, la réussite économique des migrants qui investissent dans l'immobilier ou dans les transports en commun à Nouakchott, Dakar ou Bamako. La société d'origine a pu longtemps contrôler ce système grâce à la migration tournante, cependant que la société d'accueil paraissait s'en accommoder.

De nouvelles difficultés économiques dans les pays d'accueil et l'aggravation de la crise dans la société ont provoqué des repositionnements dans la stratégie et la gestion de la migration. En 1974, des mesures administratives et politiques ont été prises par les autorités françaises pour freiner l'immigration. Cette

---

1 DIOP .(M), Le mouvement associatif africain in CATAMI, FALIDA, Paris, FAS/DPM, T. II, p. 218

décision a entraîné l'arrêt de la migration tournante instituée par les Soninkés et les Halpularen. Elle n'a pas empêché les ressortissants des pays riverains du fleuve Sénégal qui disposaient de relais et de réseaux de continuer à venir en France.

L'immigration négro-africaine est peu importante par rapport à celle des Maghrébins. Elle est aussi moins structurée politiquement. De ce fait, il semble peu probable qu'un mouvement "Black" puisse naître et avoir la même ampleur que celui des "Beurs". Cependant, il ne faut pas perdre de vue que la "déculturation" et la perte des "racines" de jeunes d'origine africaine majorent les risques de la désinsertion sociale (délinquances, névroses), sans toutefois les créer, car les causes "objectives" (échecs scolaires, chômage, "ghettos" des banlieues...) restent déterminantes. D'un autre côté, la "double culture" toujours souhaitée par les parents qui, à travers leur progéniture, désirent pérenniser leur être propre, est inévitablement à l'origine des problèmes identitaires pour la jeune génération. Rappelons que la population immigrée de la tranche d'âge 0-24 ans représente 40 % des ressortissants des pays membres de .l'OMVS en France. Certes, il est légitime de se poser la question de l'attitude de la deuxième génération face à la société d'accueil. Cependant, il est utile aussi de se demander quelle sera la position de ces jeunes, dans les années à venir, à l'égard des associations villageoises de développement. Il est permis de penser comme le souligne Timéra (M) que:

"tenant compte de ce que l'observation et l'histoire donnent à voir, il semble que le développement de sous-cultures (au sens de dominés) typiquement urbaines soit plus aptes à occuper cet espace que les cultures d'origines impulsées par des migrants"[1].

Il existe des contradictions dans le comportement des parents, notamment dans la gestion de leur vie familiale qui pose problème. D'une part, les immigrés survalorisent le village, qui reste pour eux un objet de fierté ; d'autre part, ils l'utilisent comme repoussoir et menace de punition vis-à-vis de leurs enfants. Cette situation brouille les repères. Elle ne favorise pas

---

1 TIMERA (M), Les immigrés Soninké dans la ville : situations migratoires et stratégies identitaires dans l'espace résidentiel et professionnel. Thèse de doctorat, EHESS, Paris, 1993, p. 381.

le rapprochement des jeunes avec les associations villageoises de développement qui restent un domaine exclusif des adultes.

La migration était considérée comme un phénomène qui freinait les mutations, car son rôle consistait à apporter une réponse aux déséquilibres du système de production et à "stabiliser" la société rurale. On constate, malgré le contrôle exercé par la société villageoise sur les migrants, que l'immigration a modifié les comportements et les pratiques dans la région du fleuve Sénégal. Désormais, l'argent occupe une place importante dans la vie quotidienne des populations rurales. Il a remplacé le système du troc dans le circuit des échanges.

Dans le processus d'aide au village et de rentabilisation de ses revenus, l'immigré va transformer son attitude par rapport à l'argent. Le processus d'accumulation et l'optimisation de la rente migratoire impliquent une certaine "intériorisation" du calcul économique. Les fonds destinés aux projets collectifs ne sont plus confiés à un notable du village mais déposés dans un compte à la banque au nom de l'association. L'immigration a accéléré le renouvellement des bases de la richesse dans la société villageoise. Elle a introduit aussi des différenciations socio-économiques au sein des lignages. Toutefois, rappelons que la région du fleuve étant considérée comme une zone favorable au développement agricole, la terre reste un atout non négligeable du pouvoirsocio-politique des familles "nobles". Il n'empêche que, dans un contexte où l'agriculture est incapable de dégager des surplus commercialisables, la monétisation des échanges consolide le pouvoir des migrants. La dynamique des transformations introduites par les associations d'immigrés a affecté considérablement le pouvoir des hiérarchies traditionnelles dans certains domaines. En introduisant de nouveaux besoins, que le système de production ne peut satisfaire, l'immigration renforce la dépendance du village vis-à-vis de l'extérieur.

De plus en plus d'immigrés affirment que leurs organisations représentent un moyen efficace qui peut permettre aux villages d'être autonomes économiquement à long terme. Il se trouve que leurs actions produisent souvent des effets contradictoires. Le discours et certaines réalisations socio-économiques des migrants ne peuvent s'opposer à la perception des populations d'un quotidien amélioré de façon sensible, dans de nombreux domaines, grâce aux revenus financiers des immigrés. En outre, les migrants sont des modèles identificatoires pour les jeunes qui voudraient réussir socialement et économiquement comme leurs aînés que le village couvre d'éloges. Cette complexité de la migration avec ses aspects irrationnels, on la retrouve pareillement dans le discours des candidats au départ et dans le comportement des notables chargés de gérer cette situation. Quant aux immigrés, après avoir longtemps magnifié leur vie en France, ils tiennent maintenant un discours plus proche de la réalité et plus conforme aux objectifs de leurs associations.

Lors d'une enquête au Mali, nous avons demandé aux notables d'un village si l'action menée par les associations peut empêcher le départ des jeunes. Ils nous ont fait remarquer, comme dans les villages mauritaniens, que l'action des associations d'immigrés est positive, car elle leur permet de "bénéficier de soins, d'avoir du mil et du riz" mais qu'elle ne crée pas pour l'instant des emplois. Dans ces conditions, il est difficile de retenir les jeunes. Bien souvent, lorsque j'insistais au cours de mes enquêtes sur les dangers que représente pour le village la migration des jeunes, les notables rétorquaient que ma propre trajectoire illustrait parfaitement les données du problème : "vous n'avez pas hésité", me faisaient-ils remarquer "à quitter votre pays, la Mauritanie, pour aller poursuivre vos études et travailler en France ; vous êtes bien placé pour comprendre la vie !" "Si nos jeunes", ajoutaient-ils, "n'avaient pas voyagé, toutes les réalisations que vous avez sous les yeux n'auraient pas pu se faire". Selon eux, au-delà des revenus financiers, l'immigration permet à l'individu de se perfectionner, d'apprendre. Cette enquête confirme ce que nous avions déjà souligné, à savoir une différence d'approche de la gestion; de la migration entre les associations d'immigrés et ceux qui sont restés au village. Le discours des notables vise, non pas à expliquer l'émigration, mais à légitimer un processus qu'ils ne contrôlent plus.

Depuis quelques années, les pouvoirs publics français et certaines O.N.G se sont efforcés d'articuler immigration et coopération internationale. Par le biais des aides individuelles (dispositifs financiers, formations), ils ont encouragé le retour des immigrés dans leur pays d'origine. Cette politique a abouti à un échec, principalement parce qu'elle procédait d'une sous-estimation du rôle que jouent, dans la décision d'émigrer, d'une part les représentations positives que les populations rurales se font de l'immigré en France, d'autre part, la situation de dépendance des villages vis-à-vis de l'immigration. Désormais, il semble que les pouvoirs publics et les O.N.G. préfèrent accorder principalement leur appui technique et financier aux associations engagées dans des projets concrets de développement en coopération avec le village d'origine. Cependant, ce serait une erreur d'imposer comme objectif à cette coopération à court terme le freinage de l'émigration, car il est illusoire de penser que les associations d'immigrés sont capables de jouer un rôle de régulation de la migration.

La nature de l'investissement des associations de migrants et leur portée économique ne constituent pas pour l'instant une alternative à l'émigration, malgré les efforts faits par certains responsables pour s'attaquer aux facteurs subjectifs de la migration. Il n'empêche qu'elles contribuent à la création de conditions favorables qui peuvent servir d'appoint à une politique de développement de la région.

Si on devait évaluer l'action des associations d'immigrés uniquement d'après le nombre de projets réalisés, on dirait sans hésiter qu'elles sont devenues "le poumon économique" des villages. Il n'existe pas un village, dans cette zone, où les immigrés n'aient construit une école ou un dispensaire, acheté une motopompe, etc. Dans plus de 90 % des cas, ces réalisations proviennent de l'épargne d'un salaire moyen qui dépasse rarement le Smic. Les immigrés, par l'intermédiaire de certaines réalisations, influent sur les stratégies paysannes. La création de puits permet, entre autres, aux femmes de développer les cultures maraîchères. Le maraîchage est une activité qui contribue à l'amélioration de l'alimentation des familles et procure des revenus monétaires aux femmes, pendant une période de l'année. Toutefois, précisons qu'une bonne partie de la production est bradée, faute de moyens de conservation peu onéreux et adaptés à la région. Quant à l'investissement dans les banques de céréales, il donne aux villageois les moyens de se prémunir contre les spéculateurs. Ces derniers achètent le mil à bas prix, au moment des récoltes, pour le revendre cher, pendant la période de soudure. Les banques de céréales, qui assurent aussi des fonctions de commercialisation, limitent les capacités de nuisance des spéculateurs et permettent par la même occasion au paysan de mieux gérer sa production. Par leur dynamisme, et les diverses modifications qu'ils ont apportées à l'orientation de leur association, les immigrés montrent qu'on peut utiliser la mobilisation des identités pour des objectifs socio-économiques. Cette mobilisation s'appuie sur une logique de l'investissement, de transfert de matériel et de savoir-faire. Ces changements sont d'abord le fait d'individus. Ils constituent une force sur laquelle peut se greffer un mode de développement basé sur le partenariat. L'immigration apparaît de plus en plus comme un facteur de transformation économique et sociale dans de nombreux villages du Mali, de la Mauritanie et du Sénégal. Elle crée de nouveaux besoins et contribue à l'émancipation économique des catégories socialement dominées.

Nous nous sommes intéressé aux évolutions structurelles et à la trajectoire des migrants, ce qui nous a permis de présenter les remodelages socio-économiques qui se sont produits dans la région et d'apprécier la stratégie des différents acteurs : paysans, Etat, ONG, associations de migrants. Il existe un réel changement qui s'amorce dans une double prise de conscience : les immigrés cernent mieux leur poids économique et social tandis que les pouvoirs publics semblent mieux percevoir l'atout financier et politique des associations de migrants. Toutefois, les migrants doivent éviter de commettre les mêmes erreurs que certaines institutions de développement qui, dans leur souci de bien faire, ont tendance à se substituer aux principaux intéressés dans tous les domaines.

Le mouvement associatif comme opérateur économique a des limites objectives liées à sa nature. Pour éviter que ce secteur ne s'écroule, il est capital que l'action volontaire et associative dans les pays d'origine soit davantage soutenue. Rappelons que le renforcement et l'efficacité de la société civile impliquent un Etat de droit et une politique de décentralisation. Toutefois, la décentralisation ne saurait se réduire au transfert des charges de l'Etat aux populations, comme cela se passe souvent en Mauritanie. Une politique de décentralisation suppose des compétences locales, un transfert des ressources disponibles, une réallocation des responsabilités. En somme, les immigrés et les populations de la vallée du fleuve doivent être considérés comme des partenaires égaux, le rôle de l'administration et des ONG étant d'apporter un appui technique.

L'immigration procède à une redistribution de l'épargne en participant aux équipements collectifs des villages d'origine et au développement de nouvelles activités. Elle contribue aussi à relever le niveau de vie des villageois. Nous pourrions multiplier les exemples qui montrent qu'une nouvelle évolution se dessine chez les immigrés. Ces derniers ne privilégient plus les micro-actions symboliques qui n'ont aucune portée réelle sur le développement villageois.

Les associations d'immigrés se sont engagées dans un processus de transformation socio-économique de leurs régions d'origine. Ce processus demeure encore fragile à cause des enjeux et des contraintes qu'il implique dans le village d'origine et dans la société d'accueil. La précarité de l'emploi et la montée du chômage en France peuvent avoir à long terme des incidences sur l'action des immigrés en faveur de leurs villages d'origine. Certains responsables d'associations en sont conscients. Ils pensent que leurs organisations risquent de subir les contrecoups d'une conjoncture marquée par une crise d'une grande amplitude. Ils estiment qu'une meilleure articulation entre immigration et coopération internationale renforcerait les initiatives individuelles et collectives des villageois. Elle permettrait aussi aux associations de migrants d'être à la hauteur des nouveaux enjeux et d'inventer de nouvelles formes d'actions pour continuer à participer activement au développement et à la transformation de la société villageoise.

Les migrants se considèrent comme des acteurs qui contribuent au progrès social et économique dans leur pays d'origine. Ce discours ne doit occulter ni les effets pervers de l'immigration ni la persistance de certains types de rapports sociaux, que les alliances matrimoniales continuent à perpétuer. Il nous semble que, contrairement à certaines conclusions, la question n'est pas de savoir si on peut fonder un "développement local" sur une activité aussi aléatoire que l'immigration. Il est évident qu'une politique de développement régional ne peut-être que globale. Pour être viable, elle doit contribuer à diversifier les activités et à trouver une articulation entre les différents secteurs de la vie économique. Nous avons, nous-même, souligné que ce serait une erreur de laisser croire aux immigrés qu'ils pourraient créer des îlots de prospérité, dans un environnement gangrené par le sous-développement. Cependant, nous pensons que dans un contexte où la capacité d'épargne des acteurs locaux est faible et où l'État se désengage, les associations de migrants représentent un atout pour les sociétés rurales du Gorgol et du Guidimakha. Ces dernières peuvent trouver conjoncturellement dans les organisations d'immigrés les agents les plus capables, avec la collaboration de leurs partenaires, de participer activement et qualitativement aux transformations socio-économiques des villages d'émigration. Il faudrait, cependant, que les immigrés arrivent à mieux concilier les impératifs de l'efficacité économique avec ceux de la solidarité villageoise.

Bibliographie

ADAMS (A.), *La terre et les gens du Fleuve*, Paris, l'Harmattan, 1985, 325 p.

ADAMS (A.), *Le long voyage des gens du Fleuve*, Paris, Maspéro, 1977, 217 p.

BA (B.), La Mauritanie et le développement agricole dans le bassin du Fleuve Sénégal durant la période 1978-1990 *in Évaluation et perspective d'une décennie d'aménagements*, Paris, Karthala, 1991, pp. 215-234

BA (B.), La place et le rôle de l'action volontaire dans les économies africaines, Contribution du groupe Afrique à la conférence internationale de la coopération non-gouvernementale Nord-Sud, Cotonou, Janvier, 1991, 6 p.

BAGAYOKO (D.), Idéologie communautaire, sociétés rurales et association de cultures au Mali, Paris, thèse de 3ème cycle, EHESS, 1982, 289 p. (dact.)

BALANDIER (G.), *Anthropo-logiques*, Paris, P.U.F, 1974, 278 p.

BALANDIER (G.), *Le détour, pouvoir et modernité*, Paris, Fayard, 1985, 268 p.

BALANDIER (G.), *Sociologie des Brazzaville noires*, Paris, Armand Colin, 1955, 320 p.

BAREL (Y) , *La reproduction sociale*, Paris, Anthropos, 1973, 559P.

BARO (M.), Contribution à une étude socio-économique d'expérience d'aménagements hydro-agricoles en Mauritanie, Mémoire de maîtrise de sociologie, Faculté de Lettres, Dakar, 1984, 112 p. (dact.)

BAROU (J.), L'immigration en France des ressortissants des pays d'Afrique noire, Rapport du groupe de travail interministériel, Paris, secrétariat général à l'intégration, juin 1992, 88 p.

BAROU (J.), *Travailleurs Africains en France*, Grenoble, Presses universitaires, 1978, 162 p.

BARRY (B.), *Le royaume du Walo*, Paris, Karthala, 1985,421 p.

BASTIDE (R.), *Anthropologie appliquée*, Paris, Payot, 1971, 244 p.

BAYARD (J.-F.) Le politique par le bas en Afrique noire. *Politique africaine*, Paris, N°1, 1981, pp. 53-82

BELLONCLE (G.), *Quel développement rural pour l'Afrique Noire ?*, Paris, Karthala, 1982, 110 p.

BEN ABDALLAH (T.), ENGELHAD (P.) (sous la direction de), *L'après-barrage*, Paris, E.N.D.A ministère de la coopération, 1986, 632 p.

BERROUX (P), *La sociologie des organisations*, Paris, Seuil, 1985, 283 p.

BONTE (P.), Changements sociaux, mouvements de la population et migration, Nouakchott, U.S.A.I.D, 1980, 83 p.

BOUDON (R.), *La logique du social*, Paris, Hachette, 1979, 333 p.

BOURDIEU (P.), *Le sens pratique*, Paris, Ed Minuit, 1980, 475 p.

BOUTILLIER (J.-C.), L'enquête d'ethnologie économique , in J. Poirier, *Ethnologie Générale*, Paris, Gallimard, 1968, pp. 211-256

BRADLEY (P.), RAYNAUT (C.), TORREALBA (J.), *Le Guidimakha mauritanien, Diagnostic et propositions d'action*, Londres, War on want, 1977, 156 p.

CAMILLERI (C.), Identité et gestion de la disparité culturelle : essai d'une typologie in *Stratégies identitaires*, Paris, P.U.F, 1990, p. 85-110

CATANI (N.), FALIDDA, *Le rôle du mouvement associatif dans l'évolution des communautés immigrées*, FAS/DPR, 3 Tomes, 1987.

CHASSEY (F. de), *Contribution à une sociologie de sous-développement*, Thèse d'Etat, Université Paris V, 1972, 2 T

CHAVEAU (J.-P.), Le "modèle participatif" de développement rural est-il alternatif ? *Bulletin de l'association Euro-africaine pour l'anthropologie du changement social et du développement*, n°3, Montpellier, Septembre 1992, pp. 20-30.

BLANC (C) et CAMBREZY (L) (sous la direction de), *Terre, Terroir, Territoire: Les tensions foncières*, Paris, ORSTOM, 1995, 472P.

CISSOKO (S.M.), Les connaissances acquises en France par les émigrés soninkés et Toucouleurs ont-elles un impact sur le développement économique dans la moyenne vallée du Sénégal? Bilan et perspectives de l'émigration soninké, Dakar, Bureau régional de l'UNESCO, 1975.

CONDE (J.), DIAGNE(P.S.), *Les migrations internationales sud-nord, une étude de cas : les migrants maliens, mauritaniens et sénégalais de la vallée du fleuve Sénégal en France*, Paris, O.C.D.E., 1986

COQUERY-VIDROVITCH (C.), MONOT (C.), *L'Afrique Noire de 1800 à nos jours*, Paris, P.U.F, 1974, 320 p.

CORDEIRO (A.) Économie sociale et communautés issues de l'immigration, *Hommes et migrations*, N° 1156, Juillet 1992, pp. 10-15.

CROUSSE (B.), *Logique traditionnelle et logique d'Etat : Conflits pratiques et stratégies foncières, le cas de M'Bagne*, Paris, Karthala, 1986, pp. 199-217.

CROUSSE (B.), MATHIEU (P), SECK (S.), (sous la direction de), *La vallée du fleuve Sénégal, Évaluations et perspectives d'une décennie d'aménagements*, Paris, Karthala, 1991, 379 p.

DAUM (C.), L'immigration ouest-africaine en France : une dynamique nouvelle ?, rapport final de l'étude Migration et développement, PANOS, Juin 1992, 141 p.

DELAUNAY (D.) *De la captivité à l'exil, histoire et démographie des migrations paysannes de la moyenne vallée du Fleuve Sénégal*, Paris, ORSTOM, 1984, 218 p.

DIALLO (A.), Réflexion sur la question nationale en Mauritanie, *Annuaire de l'Afrique du Nord*, Paris, 1982, pp 389 412.

DIEMER (G.), VAN DER LAN (E.), *L'irrigation au SAHEL*, Paris, Karthala, 1987, 266 p.

DIOP (A. B.), *Société toucouleur et migration*, Dakar, IFAN, 1965, 232 p.

DIOP (M.), BERTOUILLE (T.), Étude pour le réajustement des objectifs du projet IDAMAU 1571 de la direction régionale de la SONADER de Gouraye, Nouakchott, Janvier 1990, 85 p.

DIOP (M.), Diagnostic et proposition de programme de réhabilitation des petits périmètres irrigués, Nouakchott, SONADER, Avril 1991, 28 p.

DIOP (M.), Le mouvement associatif africain *in* CATAMI ET FALIDDA, Paris, FAS/DPM, 1987, Tome II, pp. 200-219.
DIOP (M.), Le mouvement associatif négro-africain, Paris, *Hommes et migrations*, N° 1130, Mai 1990, pp. 15-20.

DOKA DIARRA (M.), MONIMART (M.), Femmes et développement durable au Sahel, OCDE/CILSS, MARS 1984, 45 p.

DUPUY (C.), Les associations villageoises au Sénégal, fonctions économiques et modalités de financement, Paris, *Revue du tiers-monde*, Tome XXXI, N° 122, Avril-Juin 1990, pp. 351-375.

DURKHEIM (E.), *Religion, morale, anomie*, Paris minuit, 1975, 507 p.

ELA (J.M.), *La ville en Afrique Noire*, Paris Karthala, 1983, 219 p.

ELA (J. M.), *L'Afrique des villages*, Paris, Karthala, 1982, 228 p.

GARSON (J. P.), TAPINOS (sous la direction de), *L'argent des immigrés*, Paris, Presses de la fondation nationale des sciences politiques, Paris, 1979.

GENTIL (D.), *Les mouvements coopératifs en Afrique de l'ouest, intervention de l'Etat ou organisation paysanne ?*, Paris, l'Harmattan, 1988, 269 p.

GOSSELIN (G), Formations et stratégies de transition en Afrique tropicale, thèse d'Etat,
Paris V, 1973, 2 T.

GIRI (J), *Le Sahel demain, catastrophe ou renaissance,?*Paris, Karthala, 1983, 323P.

GUENEAU (M. C.), *Les petits projets de développement sont-ils efficaces ?*, Paris, l'Harmattan, 1986, 227 p.

GUICHAOUA (A.), *Destins paysans et politiques agraires en Afrique centrale : "la liquidation du monde paysan "congolais*.Paris, L'Harmattan, 1989, T.2.

GUICHAOUA (A.), Crise et stratégie disciplinaire des sciences sociales du développement in *l'Année sociologique*, 1990, vol.42, pp.107-137.

GUILLAUME (G.), *Collectivités territoriales et associations*, Paris, Economica, 1987, 143 p.

KANE (S.), Programme de recherche sur la formation sociale mauritanienne, Nouakchott, *Institut mauritanien de recherche scientifique*, 1983, 28 p.

KAZAN GIGIL (A.) (sous la direction de), *L'Etat au pluriel* (perspective de sociologie historique), Paris, Economica, 1985, 289 p.

LAPIERRE (J.W.), PRUJINER (A.), *Les conflits ethnolinguistiques : cadre d'analyse socio-politique* in *Cahiers internationaux de sociologie*, N° LXXIX, Paris, P.U.F, 1985, pp. 295-311.

LATTRE (A.de), Les agences de coopération peuvent-elles aider le secteur privé à devenir un moteur de développement en Afrique de l'ouest ? Paris, Club du Sahel, Sept.1992, 14 p.

LAVIGNE (D.), *La rizière et la valise*, Paris, Syros Alternatives, 1991, 209 p.

LEBRIS (E.), LE ROY (E.), LEINDORFER (F.), *Enjeux fonciers en Afrique noire*, Paris, ORSTOM, Karthala, 1982, 425 p.

LERICOLLAIS (A.), Peuplement et migrations dans la vallée, Paris, ORSTOM, Vol XII, N° 2, 1975, pp 123-135.

LOMBARD (J.), La sociologie et le développement, pluridisciplinarité et spécificité ?, *Revue de sociologie du Tiers Monde*, Tome XXIII, N° 90, Paris, Juin, 1982, pp.245-256.

MAFFESOLI (M.), *Le temps des tribus*, Paris, Méridien, Klincksieck, 1988, 220 p.

MAQUET (G), *Pouvoirs et société en Afrique Noire*, Paris, Hachette, 1970, 256 p.

MARCHESIN (P.), *Tribus, Ethnies et pouvoirs en Mauritanie*, Paris, Karthala, 1992, 434 p.

MAUSS (M.), *Sociologie et anthropologie*, Paris, P.U.F, 1980, 442 p.

MEILLASSOUX (C.), *Anthropologie de l'esclavage*, Paris, P.U.F, 1986, 375 p.

MEILLASSOUX (C.), *Femmes, greniers, capitaux*, Paris, Maspéro, 1982, 251 p.

MEISTER (A.), *La participation dans les associations*, Paris, Ed. ouvrière, 1974, 276 p.

MEISTER (A.), *Participation, animation et développement*, Paris, Anthropos, 1969, 382 p.

MEISTER (A.), *Vers une sociologie des associations*, Paris, Ed. ouvrière, 1972, 290 p.

MENDRAS (H.), FORSE (M.), *Le changement social*, Paris, Armand Colin, 1983, 284 p.

MINVIELLE (J. P.), *Paysans migrants du Fouta Toro*, ORSTOM, 1985, 282 p.

NICOLLET (A), *Femmes D'Afrique Noire en France*, Paris, CIEMI L'harmattan, 1992, 318P.

OCDE/CILSS, *Échanges céréaliers et politiques agricoles dans le sous-espace ouest (Gambie, Guinée, Guinée Bissau, Mali, Mauritanie, Sénégal), quelle dynamique régionale ?*, Paris INRA - IRAM, UNB, Avril 1991, 216 p.

ODEYE (M.), *Les associations en villes africaines, Dakar-Brazzaville*, Paris, l'Harmattan, 1985, 123 p.

OLIVIER de SARDAN (J. P.), *Paysans, experts et chercheurs en Afrique noire*, Paris, CIFACE, Karthala.

OLIVIER de SARDAN (JP), Rapports de production, modes d'action économiques et logiques sociales : quelques interrogations ? in *Terrains et perspectives*, Paris, ORSTOM, 1987.

OMVS, *Atelier sur le bilan et les perspectives de la réinsertion des émigrés dans le bassin du fleuve Sénégal*, Dakar, Novembre 1987, 20 p.

ORIOL (M.) (sous la direction de), *Les Variations de l'Identité*, Rapport final de l'A.T.P, C.N.R.S., Nice, Strasbourg, 1984.

ORIOL (M.), Appartenance linguistique, destin collectif, décision individuelle, in *Cahiers internationaux de sociologie*, N° LXXIX, Paris, P.U.F, 1985, pp. 334-347

ORIOL (M.), Les associations d'immigrés comme acteurs dans le secteur de l'économie sociale, Nice, IDERIC, 1976, 7 p.

PAPY (L.) La vallée du Sénégal, Bordeaux, *Cahiers d'Outre-mer*, N° 16, 1951, pp. 1-48.

POLLET (E.), WINTER (G.), *La société Soninké*, Bruxelles, Ed. de l'Université de Bruxelles, 1971, 566 p.

POTTIER (R.), Système de santé au Laos et ses possibilités de développement, Paris V, Thèse d'Etat, 1980

PAULME (D.), *Classes d'âge et association d'âge en Afrique*, Plon, 1971, 348 p.

QUIMINAL (C.), *Gens d'ici, gens d'ailleurs*, Paris, Christian Bourgois, 1991, 219 p.

QUIMINAL (C.), Migration et développement, les enjeux sociaux, Paris, compte-rendu d'un exposé au G.R.D.R, 1989

RAMS, Changements sociaux, organisation sociale de la production agricole, USAID, 1980, 80 p.

RAMS, Profils sociologiques, la Mauritanie négro-africaine, Nouakchott, U.S.A.I.D, 1980, 70 p

RAMS, Synthèse générale des études sociologiques, Nouakchott, USAID, 1981, 58 p.

RAULIN (H), RAYNAUD (E), *L'aide au sous-développement*, Paris, P.U.F, 1980, 261 p.

RAVAU (F.), POIRIER (J.), *L'autre et l'ailleurs*, Paris, Berger-Levrault, 1976, 511 p.

RAVAU (F), L'exode rural dans un village de la vallée du Sénégal, *Cahiers d'Outre-mer*, XVII, 1964.

REBOUL (C.), Les associations de villages de la vallée du Fleuve Sénégal in revue du Tiers-monde, Paris, Tome XXVIII, N° 118, 1987, pp. 435-440

SALL (B) *De la modernité paysanne en Afrique: Le Sénégal*, Paris, L'harmattan, 1993, 255 P

SACHS (I.), Éco développement : concept, applications, enjeux, Paris, *ASSCOD*, N° 67, Janvier-Mars 1984, pp. 31-39

SAMUEL (M.), *Le prolétariat noir en France*, Maspéro, 1978, 261 p

SAYAD (A.), *L'immigration ou les Paradoxes de l'altérité*, Bruxelles, De Bœck-wesnael, 1991, 331 p.

SAYAD (A.), Les trois âges de l'émigration en France, in *Actes de la recherche en sciences sociales*, N°15, Juin 1977, pp 59-81.

SMALE (M.), Les femmes en Mauritanie, les effets de la sécheresse et de la migration sur le statut économique et les implications pour les programmes de développement, Wahsington, U.S.A.I.D, 1980

SONADER, Programme du secteur irrigué en Mauritanie, Nouakchott, Mars 1989.

TOURAINE (A.) *La parole et le sang*, Paris, OdileJacob,1988. 552 P.
TOURAINE (A.), *Pour la sociologie*, Paris, Seuil, 1974, 243 p.

WANE (M.), Réflexion sur le droit de la terre Toucouleur, *Bulletin de l'I.F.A.N.*, Dakar, Série B, T.42, 1980.

WEIGEL (J.Y.), *Migration et production domestique des Soninkés du Sénégal*, Paris, ORSTOM, 1982, 134 p.

YATERA (S.), Impact de l'immigration sur deux villages mauritaniens de la vallée du fleuve Sénégal, mémoire de maîtrise sociologie, Université de Nice Sophia, Juin 1985, 112 p.

YATERA (S.), Les relations entre associations de migrants et O.N.G en France, Paris, G.R.D.R/PANOS, Juin 1992, 22 p.

Table des matières

Pages

Préface 3

Introduction 7

Chapitre I : Structures socio-économiques des Soninkés et des Halpularen 15

1) Rappels historiques 15
   - Le wagadu : cadre de référence des Soninkés 15
   - La légende du wagadu 19
   - Le Fouta : l'hégémonie déniankè 21
   - La recrudescence du rapt et ses conséquences 22
   - L'islam : facteur de transformation sociale? 24
   - Le Fouta sous contrôle français 27

2) Rapports entre les hiérarchies traditionnelles
   et les pouvoirs issus des indépendances 30
   - La chefferie traditionnelle : relais de l'Etat 31

3) L'organisation sociale 32
   - Les structures sociales 32
   - Les groupes sociaux 34

4) La tenure foncière 35
   - L'indivision de la terre 36
   - Les formes de location 36
   - La réforme foncière 38

Chapitre II : Les mouvements migratoires 43

1) Les migrations internes 43
   - Le navétanat ou migration saisonnière 44
   - Une migration contrôlée 45

2) L'émigration et ses effets 47
  - Les causes de la migration 47
  - Une migration au service du village 49
  - La révolte 51
  - Destination et ventilation des envois 57

3) Vie en France et représentation des immigrés 58
  - La fin de la migration tournante 59
  - Une présentation attractive de la vie en France 59
  - Une main-d'oeuvre vulnérable 61
  - Le foyer : lieu de reproduction et de contestation 62
  - Un espace de sociabilité 64
  - L'APS : un relais entre les Soninkés et la société d'accueil . 71
  - L'action des femmes 72
  - L'APS : structure de rencontres et de concertation 73
  - La fête 74
  - La troupe artistique facteur de changement 74

Chapitre III : Le mouvement associatif négro-africain 77

1) Les structures associatives traditionnelles 79
  - Les feddes ou classes d'âge 79
  - L'appartenance sociale : facteur de structuration 80
  - Les caisses villageoises 81

2) Les associations de migrants 83
  - Nature de l'association 84
  - Caractéristiques et objectifs de l'association 84
  - Fondements et légitimité de l'association 86
  - Le formalisme et le contrôle social 90

3) Rapports entre associations d'immigrés et pouvoirs publics.. 97
  - Une organisation relais 98
  - Une banque pour les travailleurs ? 99

Chapitre IV : La place et le rôle des associations d'immigrés dans l'économie sociale de la vallée du fleuve Sénégal............103

- Une réorientation de l'action des migrants 104

1) Les premières fonctions socio-économiques des associations d'immigrés...109
   - Les investissements sociaux 111

2) Etudes de cas 115
2.1) Sagné: une association pour le progrès et le développement 116
   - Pourquoi une association pour le village ?....................120
   - Un jumelage-coopération..123
2.2) A.D.A.E.S.D.T.M.F. : une association pour le développement de l'agriculture et de l'élevage à Sagné-Diéri 127
   - Implantation et fonctionnement du projet.....................128
   - Un bilan catastrophique..130
   - Une nouvelle orientation 134

Chapitre V : Le développement agricole...............................137

- L'après-barrage : un enjeu 138

1) Le système de production..140
   - Le sous-emploi rural 143

2) Les cultures irriguées en Mauritanie 148
   - Les périmètres irrigués villageois.................................149
   - Les caractéristiques des PIV 151
   - Un mode d'exploitation coûteux...................................154

Chapitre VI : L'immigration comme facteur de développement 16

1) Participation et développement communautaire 17
   - La désacralisation de l'Etat comme acteur exclusif du développement 17
2) La société civile 18
3) Les associations de migrants comme appui au développement des régions d'origine 18
4) Le partenariat 19
   - Les ONG : nouvelle courroie de transmission de l'aide au développement ? 19
   - Une nouvelle forme de relation sociale et économique 19
   - Le localisme obstacle aux actions des migrants 19

Conclusion 20
Bibliographie 20
Table des matières 21